生きる家に、人が活きる

前田重一
前田邦江

みらいパブリッシング

生きる家に、人が活きる

目次

第5章 小話 ——223

生きる家に、人が活きる

第1章

家づくり、注意点の知恵

香る家、臭う家

昔の家は香りのある家だった。では現代の家はどうか。今の家は「臭う家」で香りとはほど遠い。全く別の言い方をすれば〝死の家〟である。昔の家は、いわば〝生《せい》の家〟であった。

昔の家は伝統的日本家屋であり、2000年の歴史を引き継いできたものである。
その香りは木の香り、青畳の香り、土壁の土の香りの大きく言って三つの香りからなっているのである。木はすべて無垢《むく》材（正物《しょうぶつ》とも呼ぶ）が用いられ、ことに柱材のヒノキ（桧）などは、プーンと生々しい木の芳しい香りを周辺《あたり》に漂わせ、木材の王様として、鮮魚の鯛にも擬《なぞら》えられる。木目の繊細《こまやか》さ、樹脂分（あぶら）の滑らかさ、手触りの良さ、薄く黄ばんだ肌のうつくしさ、ことに吉野材のピンクがかった風情《ふぜい》は天下一品である。そんな高級木材は、そのまま使うとコストが掛かり過ぎるし、また日割《ひわれ》を起こす。

そこで集成材として加工して使うようになった。割れや狂いが生じないということで、薄く（1ミリから3ミリの単板《たんぱん》または突板に）スライスして、心材に貼り付けるのだが、そのとき合成樹脂接着剤《ボンド》が使われる。もちろん、心材も接着剤で乱継ぎされている。

つまり、接着剤だらけだ。心材も表面のヒノキの単板も、すべてボイルして樹脂分を抜き取る。なぜなら樹脂分は接着剤にとって邪魔者なのである。剥がれやすくなり、接着が、むずかしいのである。だから元のムク材とは、すっかり姿、形を変えた代物になる。

嗅ぐと、ボンドの匂いしかしない。口の悪い人によると、ムク材は〝生きたもの〟、集成材は〝死んだもの〟などという。しかしながら、時代の流れで、集成材は今や寵児《ちょうじ》となり、家造りの主流である。ちょっと見ではムク材と集成材の見分けはつかないが、建築の本業の人達には分かるのである。どこへ行っても、すぐさま見分けるので嫌われる。「なぁーんだ、集成材だ」とか、「貼り物だ」とか言って、軽蔑したり難癖をつけたがる。ことに旅館やホテル、料理屋などでのことが多い。

しかし集成材というものに負うことが多い今日このごろでは、格安である上、エアコン（冷暖房）のもとでの狂いが生じないため、どれだけその恩恵を受けているか、分からないぐらいである。感謝こそすれ、あまり悪口を言うべきではない。

和室の天井の仕上げ材なども、昔はムク材であったが、現在ではほとんどが貼り物か、木目を紙に印刷したものをベニヤ板の表面にペタッと張り付けたラミ天なるものになってしまっている。建築屋は温泉旅館などに行っても、すぐさま天井を見上げて、貼り天かラミ天かを探り出し、悦に入る。困ったものである。どの木目を見ても、キレイに揃《そろ》い過ぎたものはラミ天であるので、すぐ分かるのである。印刷されて作られたものでなければ、そんなに木目など揃ってしまうはずはない。貼り天は徐々に木目が変化するので、これも分かる。ただし人工木材の木目は揃っているので、貼り天かラミ天かの区別がつき難い。

いずれにしても、ボンドかインクの臭いがする天井である。

壁も昔の家はすべて小舞掻《こまいか》き（竹で編む）下地の土壁で造られ、土の香りがしていた。今の家は、石膏ラスボードの上に漆喰－上塗りが施され、混入された化学糊の臭いがする。

床も昔の家は玄関ホールから茶の間、居間、主寝室、子供室に至るまで畳敷きで、青畳の香りがしていた。畳表の藺草《いぐさ》は泥染《どろぞ》めされたもので、青さや香りは、その泥の色や匂いである。今の家は畳敷きの部屋は少ない。臭いのする床材が多い。こうして見ていくと、昔の家と比べて今の家は、三つの臭い、即ちボンド、インク、ペンキの臭いのする〝死の家〟である。それでも現代の生活に合っているので、とやかく言う筋合いはない。

香りのある家はお着物などを召して、畳が擦り切れないようにそろりそろりと上品に歩く、ゆったりとした優雅さを求める人にしか、用はないのである。バタバタして日々を送る人には不向きである。また効率的な生活にも不向きである。だがクライアント（施主）の中には、床板もムク材を求め、壁面もクロス張り一点張りではなく、板貼りや左官仕上げ（塗り壁）を求める人もある。何とか香りを求めて、少しでも昔のよき家に近づけたい、と願うからであろう。

家だけが香ったり、嫌な臭いがするのではない。町や街でも、昔はあちこちで色々な匂いを嗅ぐことが出来た。場末の匂い、町工場の機械油《あぶら》の匂い、町ん中の夕餉《ゆうげ》支度の匂い、街の商店や市場の匂い、様々《さまざま》の匂いがあった。今はどうだろう？　場末からも町工場からも匂いは消え、町や村からも夕餉の支度の匂いは消えてしまった。中食とかいって、出来合いの食品を買ってきて食べている。何しろ、主婦もパートに行って働かないと暮らせないか働いても暮らせない状況下で、満足に家庭料理を作ったり、楽しんだり、味わったり出来なくなってしまった。知人のコンビニ経営者は、調理の素材が売れず廃業してしまった。出来合いの食品を置いては？　と言ってみたが、それも買ってくれない、と言う。パート帰りに大型店などで買ってしまう。誰一人として町の中の店舗を利用してくれない、と嘆く。

町も将来的には困るに違いないのに……。匂いが無くなったなどと、呑気《のんき》な話では済まないのに……。

明るい夏の日、あまりにも気怠《けだる》い昼下がり、ぷーんと機械油の匂いが漂う。町工場からだ。作業をする音もする。かつてはそうだった。しかし、いつの間にか、狭い路地裏からは、それも聞こえなくなった。人影さえもなくなっていた。思えば我が国の『失われた20年間』は、様々な〝香りや匂い〟までもさえ、失わせてしまっていた。臭《くさ》い物だけを残して……。

何ッ？　臭い物って何だ⁉　いやいや蓋をしましたので、ご安心を……。敢えて言え！　と、どうしても仰るのなら、ちょっぴりだけ申し上げます。格差社会でしょう。非正規雇用という低所得者層の貧困でしょう。構造的な不況でしょう。若年層に至るまで続く就職難でしょう。失業者の山でしょう。少子高齢化の加速化でしょう。そして政治の混乱、各種各地の大災害の後始末でしょう。臭いと言ったのは、嫌なものだと言いたかったまでです。他意はありません。

えッ？　ちょっぴりと言ったのに、エライよーけ、あるじゃないか？

いや、本来は一つのことだったのです。でも、みな繋がっているのです。

じゃァ世の中、どうすれば香り高い暮らしよい真《まこと》の姿に出来るのじゃァ……。たとえば放射能汚染の田地田畑はすべて〃お花畑〃にしてはどうでしょうか。そのお花を家々で飾ってもらうためとか、来て観てもらうためとか、輸出するためとかならば、放射能セシウム入り花束にしてはなりませんから何としても除染せねばなりません。許容値以下までに。

それは難儀ですなァ！　しかし、やりとげなくてはなりません。

花は香り安らぎます。目にも優しく和みます。心の潤い、触れ合いにもなります。世界中の人々に買ってもらいます。働く場も生まれ、一時、嫌なことや苦しいことも忘れられます。香りや匂いが失われた家々や町や街も、花で充満させることが出来ます。一石二鳥です。

しかし、そんなにうまくいかないよ……いけば誰も困る者はいないよ……悲観論ばかりが出てきます。でも何でも諦めたらおしまいです。我が国のこの20年間の失われた歳月が、それだったのです。一気に昔の良き時代、経済成長が安易に出来た時代に戻そうとして、逆に何一つ出来なかったではないですか。出来ること、しやすいこと、一つでよい、お花畑一つでよい、深く考えず、何でもよい、一つ、一つだけでもやってみることです。世の中の香りのために、匂いのために……。

デザインって、なぁーんだ？

広辞苑を繙《ひもと》く。デザイン①下絵。素描。図案。②意匠計画。生活に必要な製品を製作するに当たり、その材質－機能－技術、および美的造形性などの諸要素と、生産－消費面からの各種の要求を検討－調整する総合的造形計画。

デザイナー：意匠家。図案家。設計者。

更に、コンサイスのカタカナ語辞典を調べる。

デザイン①設計、計画、企画。②図案、造形、意匠の総合的計画－設計。

デザイナー①洋服などの意匠図案家－立案者。②美術、工芸部門の意匠家－設計士。③スタジオの装置－大道具などの設計者。

更に更に、ブリタニカ国際大百科辞典によると、11頁に及ぶ膨大な解説が掲載されている。とても列挙できないが、短くポイントだけを書くことにする。

デザイン：今日では生活環境を構成する人工的につくられたもの一切の立案、計画をデザインという。また、人工的につくられたものを成り立たせている機能、形態、素材、色彩などの総体もデザインと呼んでいる。

ざっと一般的な辞書で、その概要を掴むことが出来たが、建築の専門辞書で再度調べてみる。

『建築大辞典』：デザイン　現代生活に必要ないろいろなものについて、その機能や構造や生産方式を考慮に入れながら形態を総合的に計画、設計すること、またそうした操作によって出来たもの。それゆえ、工学設計とは異なり、諸分野を貫くような、いわゆる学際的なアプローチに重点を置きながら、物の造形面を重視するものといえる。一般には視覚伝達に係わるビィジュアルデザインと、ものの生産に係わるプロダクトデザインあるいはインダストリアルデザインとを含むこととなるが、更に建築あるいは環境に係わるデザインを含むこともある。

『建築用語辞典』：デザイン　着想、考え、構想など精神的な抱負に形を与えること。その結果として得られる設計あるいは意匠の意味に使われる場合もある。

さて本題のデザインって、なぁーんだ？　を語るには、学生時代にまで遡ることになる。非常勤だったK講師の指導になる〈絵画演習〉を一年間で二単位を取ることになり、一体どんなものなのか、さっぱり分からないまま受講することになった。K講師は著名画家の長男であって、子供の頃、モデルにされた経歴を持つ人だった。その絵も有名だった。画壇では二科会に所属して、大学は建築学科を卒業していて、画家と建築家の両方の顔を持つ人だった。既に亡くなっている。

最初の実技はデッサンだった。輪郭をぼんやり描くと、ボヤけている、もっとしっかり描け、と注意された。描き方などは一切教えるのではなく、駄目だと指摘するだけである。非常に口の悪い、辛辣《しんらつ》な人だった。何とか描いて見せると、画面の隅にAと赤ペンで書いて返してくれた。「君は上手いねェ」といって貰ったが、滅多にそんなことを言わない感じの人だった。まァ、最初の課題は何とかパスしたが、それからが大変であった。

大学祭の入口のアーチを設計しろ、ということで、全くやったことのない課題だったし、何回提出しても、駄目だ駄目だの連発だった。お終いには「今年の学生の粒は誰一人として突出した出来の者は居らないねェ」と嫌味をいう始末。確かに年度によって違うことはある。大学は数学、理科、英語のペーパーテストで選んだに過ぎない。建築は絵が描けないといけないので、大学によっては絵の実技テストがある。そうすれば、それに抜きんでた人間を合格させればよいことになる。しかし、ハード面のペーパーテストだけで選ぶと、いくら勉学に抜きんでていても、建築のデザインなどに抜きんでた者を選べない。そこが大学などの悩ましい所である。

暫く提出の押し問答を繰り返したあと、K講師の筆が入った。僅かな筆であったが、当を得ていたので、漸くそれらしいものが出来て提出すると、再びAの朱が入った画面が返ってきた。今度はK講師の筆が入ったことを、ご自分はよく覚えていて、何も言わずに戻ってきたのだ。一本足の細く軽やかなゲートが出来上がって、デザインのポイントらしいものが分かった。

次の課題は住宅の敷地を囲む塀と門のスケッチを描けとのこと。あまり金銭はない、予算は少ない、と条件もついていた。提出すると何と「ヤボ天の塀ではないか！」と怒鳴られた。描いたのはそこらを歩いて見た、極く平凡でキタない木塀であった。いくら捻ってみても、駄目だった。今度は筆も入れて貰えない代物で、「C」の朱が入って戻ってきた。最後だったと思う課題は、街角の喫茶店を設計して、外観を描けということだった。プランを見せたところ、まず真っ先に、「柱のない建物など建たないぞ！」と叱られた。次に見せると、「文化果つる国（原始社会の国）でも、もう一寸よい建物がありそうだし、そんな時代もんは駄目だ」と一蹴された。

これならばと思って頑張って描くと、「やっと江戸時代に辿り着いたかなァ？」と軽蔑された。更に頑張ったが、漸く明治時代か、大正時代かといわれ、もうヤケクソになって総ガラス貼りの派手なものを描いて持っていくと、何と、「〝お富さん〟やなァー」という。〝お富さん〟は当時、春日八郎が歌っていた歌謡曲で、パチンコ屋でよく流していた曲であった。つまり、喫茶店ではなく、パチンコ屋風の建物を描いてきて、漸く昭和の現代に辿り着いたというのだ。最悪の評価を下されたのである。まァ、エエよ、と受け取って貰ったが、Cの朱色の印が入って返ってきた。失望してしまって、学年終わりに受け取った成績表を見ると、80点になっていた。何が何だか分からない20歳過ぎの若造にとっては、これがプロの道を目指す厳しさだと知ったが、余りにもホロ苦いホロ苦過ぎる出来事であった。今でも峻烈な記憶として残っている。

そして建築設計の実技を受ける第一歩として、住宅の設計から始まり、やがて施設の設計へと進む。建築は純粋の工学ではなく、電気や機械、土木などはそれぞれ後ろに工学科と付くが、建築だけは工がなく、建築学科なのである。これは何処の学校でも共通している。分かり易くいえば美術系の学科でもあり、理科系と文科系の双方でもある。設計課題を熟《こな》すには、未熟過ぎる程、未熟であり「どうせ実社会へ出ても、碌な仕事はやらせて貰えない。こんなものは学校でやるだけで、どうでもいい」と投げやりになることが多かった。勉学は出来る時にやっておくのが勉学であって、社会は学校ではないのだ、と分かるのに時間が掛かってしまうのが世の常である。後悔などせずに過ごせる一生を築く、大切な時期なのにその時は気づかないままだった。しかし教授はいくつかの設計課題の出来上がりを見て「君は将来、実社会へ出てからものになる」と言ってくれた。「今は未だし、駄目でよい。学生時代に出来上がってしまうと、こぢんまりして、伸びていかない」ということでもあった。そして、やがて色々な局面が訪れ、本論の〝デザインとは何か?〟をお話しすることになる。

ある自動車のディラーの社屋を設計したあたりから、建築家の地歩を固めることになる。30歳前半の作品だったが間口50メートル、延べ面積4000平方メートルの大規模なもので、ファサードは大型板ガラスを前面全体に使った大胆なデザインの建物だった。そして年代毎の作品を造っていった。公共施設あり、住宅あり、ビルディングありで多岐にわたるが、多くは個人の戸建住宅で、50年に亘る作品群は800棟に及ぶ。

デザインを段階的にたどってみると、未熟な時代である学生時代は第一段階であって、プランを練っても必要な諸条件を充たすのに汲々としている。柱も立てるだけ、窓も開けるだけ、出入口もただ設けるだけの幼稚なものである。肝心のプランも、用途のブロック割りをしただけである。必要とされるものを配置しただけで、十二分に動線を練り抜いたというよりも、設計図を作りさえすればよいという程度のものなのだ。誰だってそのような有るがままの第一段階を通過することになるので、そんな図面に基づいて建物を建ててはならないだけである。ストップ・ザ第一段階である。

次に第二段階に移ると、小知恵が付いてきて、コチャコチャと細工をする。つまり滅多矢鱈《やたら》に深い庇を付けてみたり、あちこちに出窓を付けたり、面格子などで飾り立てようとする。プランも迷路を彷徨《さまよ》うようなものを作り、広さも狭かったり広かったりして、当を得ない。実際には、こんな建物が堂々と建てられてしまうことがある。現代の忍者屋敷ならぬ、忍者ビルである。御負けに色々なものを、くっつけてチンドン屋をする。ストップ・ザ第二段階でもある。

第三段階になると、要らぬものは一切省いて、最少の必要なものでデザインをする。すっきりと纏められた、よい建物になる。熟練した人の手によってのみしか、そうはならないので、誰にでも設計などはさせられない。見極める必要が出てくる。さてさて、人は厄介なもので、その第三段階の人の設計図を見て、平凡だとか、有り触れているとか言うのである。下手をすると、先祖還りというか、ゲテ物好みというか、第二段階のものの方がよいと言い出す始末。そして、そちら側の設計者を選定して、目も当てられないものを造らせるのである。名前のある建築家でも、第二段階タイプの人がいるから、よくよく注意せねばならぬ。

シンプルな第三段階の設計が気に入らないならば、第四段階のものを選ばなければならない。第二段階のものを選ぶのは誤りである。クライアント（施主）は素人だから分からない、というのならば、その第四段階についてお話だけしておこう。

建物にはデザインも、さることながら、やってはならないルールがある。二階建ての住宅では大屋根の勾配は少し急にして、下屋（平屋になっている部分）の屋根は少し緩やかにする。これを逆にすれば、まことに見苦しい不具合な建物になる。下屋の屋根がせり上がるので、二階の窓を覆うことになって光も十分にとり込めないなど不都合である。

しかし、第四段階の設計者は己の天分を生かして、まことに巧みに形造ってしまうことがある。何でも逆々のことをやっても、ちゃんとした様になるような設計（デザイン）能力を持っているのである。このような天分豊かな人が設計したものは、第二段階の人と違って、物事をよく分かってやっているので間違いは少ないのである。そして、ゲテ物好みのクライアントの要求にも応えることが出来るのである。が、まァ、クライアントは一般に第三段階のものを造って下さい……一番無難で利用価値や人目にもよろしいようですから……。

K講師がAをつけたデッサン

「邦江のつぶやき《ツイッター》」

K講師のご子息に会う

某テレビ局の番組「美の巨人」に小出楢重《こいでならしげ》画伯の絵が登場した。私は画伯のことを良く知らなかったが、重一は大変詳しかった。何故なら大学生のとき、楢重画伯の子息にあたる泰弘氏に教えを受けたからである。「デザインって、なあーんだ?」に書かれている（絵画演習の）K講師がその人である。

「よーく考えてみると、先生こそがデザインの本質について教えてくださったように思う……」と人生で出会った数少ない重要な人物の一人であると言う。

ある時、西宮市の気功院で不思議な出会いがあった。免疫を高める目的で、重一は時々気功をうけていた。その日は夕方の時間を予約していた。院の職員の方が、前客の男性に寄贈を受けた本のお礼を述べておられた。その本は立派な装丁の美術雑誌だったので、私は待合室の本棚から取り出してよく見ていた。その男性が新刊を寄贈されたようだった。

職員の方が「この方は美術評論家の小出さんです。おじい様は小出楢重さんです」と私にも紹介して下さった。私は驚いて傍らの重一に「大学で小出楢重さんのご子息から教えを受けたんですよね」と大きな声を出した。不思議な出会いに場が盛り上がり、重一と小出氏との間で話が弾んだのだった。

その方は小出龍太郎氏で専門の美術評論の本以外に、祖父の楢重画伯に関する本を何冊も出版しておられ、大学教授でもある。よく聞いてみると、重一が泰弘氏から教えを受けた頃、龍太郎氏は生まれたことになり重一より20歳ほど若い。楢重画伯の研究者として益々の活躍が期待される。

思いがけず恩師のご子息に出会えたことがよほど嬉しかったのだろう。帰途の一時間半の道中は、絵画演習で先生からボロクソに言われた思い出話をずっと話し続けていた。

自宅を建てる、飯の種になる？

家を建てる。それを誰かに設計を頼む。頼む先は？　クライアント（施主）にとっては、大概、建築に関係する親戚の人がいたり、友人知人がいるものだ。ならば、一般にそういった人達を通してしか、設計の仕事が出回らないのかというと、そうでもない。あるクライアントのケースである。実弟がゼネコン（施工者）に勤務していたが、弟に関係なく、自分の家の設計に際して設計をするアーキテクト（建築家）や施工をするゼネコンを自分で決めた。

また別のケースでは、長男が某建築設計事務所に勤務して、設計の仕事をしていたにもかかわらず、知人を通してアーキテクトを選定した。ゼネコンもアーキテクトが相見積りをとって決めた。後日そのアーキテクトは、長男から、当初自分が設計をしていたことを聞かされた。「建てる坪数（面積）だって随分大きくなっている。自分にはゆったりした家を計画させてくれなかったのに」と不満そうだった。

アーキテクトはクライアント夫妻を交えて、十二分過ぎるぐらい充分に打ち合わせをした上で家の広さが決まったことを、長男に話した。

親子の間のやり取りでの打ち合わせ故、長男としては恐らく親の言い分を尊重して従ったのであろう。あるいは、敷地の中に空地を十分に取りたかったからなのかも知れなかった。アーキテクトとしては打ち合わせの結果、必要な広さを組み込んだにすぎなかった。建てる坪数は大きくなればなる程、工事費も高く付くので、予算設定では工事費を抑える意味合いで建て坪の大きさを予め決めることが、屡々《しばしば》あるのである。

庭重視で空地を十分に取りたがる場合がある。しかし、そのために住む家が狭小過ぎて不自由で使い勝手が悪いようでは良い訳がない。もともと敷地の狭さが誤っているのに、家の狭さに転嫁しては、敷地も狭いまま、家までも狭くしてしまったままとなり、これでは二重の〝まま〟が存在して、二重の過ちが起こる。一考を要するところだろう。

素人のクライアントには、本質を十分説明せねばならぬ。玄人であるアーキテクトまで連れて同じ過ちをしてはならないのである。四六時中、暮らす家が最も大切である。狭小な敷地の姿、形を変える訳にはいかないが、建てる家は創意工夫次第でどうにでも出来る唯一の存在と言えよう。

建物の設計手法は幾通りもある。そこにアーキテクトの存在があるのであって、一つのことに〝こだわり〟を持つ必要はないし、持ったのでは専門家でなくなる。専門馬鹿になる。長男は住宅設計の経験があまりなかったので、深くは考えなかったのである。アーキテクトは住宅設計のベテランであったし、敷地は目一杯に使って、住空間に〝ゆとり〟を存分に取り込んだ。完成して住み始めると、夫人は「息子は何処にも釘一本打たせてくれない」と苦笑された。さすがに彼は建築を業とするだけあって、「和風の良い家に釘を打つなどもっての外」と住み方にもうるさいのだそうだ。

アーキテクトの設計では内部には和風の良さを、外部は風雨に晒され易いので洋風にして風化に強い作りにしたが、長男はその手法についても評価をしてくれた。

こんな事例もある。それなりの組織を持つ建築設計事務所に設計マンとして勤めていた人がいた。既に一級建築士の資格も取得していたが、〝住まいの実技講座〟の受講者として勉強に来ていた。現在では独立して事務所を構えているが、当時はサラリーマンだった。その人が自宅を建てるということになった。

しかし、木造の住宅には不慣れであるという理由から、設計監理を依頼されて引き受けた。別段、難しい注文はなかったが、将来、独立したとき事務所用に使えるように配慮したり、子供たちの成長に合わせて、空間をフレキシブルに使える工夫をするなど入念に打ち合わせをして建てた。

やがて一通の年賀状がきた。「あの時お世話になった自宅の設計図などを元に勉強させて貰って、自身の設計活動に生かしている。設計監理を委託したのも、将来の自分自身への投資だった」と書かれていた。

前述の長男も同じように住宅設計の勉強に役立ったかも知れない。何事も人生は勉強かも知れないが、家造り自体が直接勉強になる等、現実に飯の種にもなっているとは愉快であるし驚きでもあった。

石の目にも泪

石になぞ、目があろう筈《はず》がない。目って何《なん》なのだ？　建築の世界では身体や動作に関連した言葉がよく使われる。〝目〟の他にも、人間の表情である〝笑う〟なんて言葉を使ったり、〝逃げる〟など逃げもしないものに使ったりする。

不思議な世界だねェ……。いや、それはそれだけ人間に密着して、人類と共に共存してきた古い古い歴史のなせる業なのだ、と考えられるが……。どうかなァ？

そういえば建築だけじゃない、衣だって食だって同じじゃないか。他にも、もっとあるョ。太陽の恵み、大空、大気、大地、大海、河川、池沼、山々、雨霰、雪氷、水、空気、人に関連した用語で表現する事象を数えたらキリがない。その中に石もあるんだ。だから石にも目があるのだ。生きている動物の目と違った目が、生きていない石にもあるのだ。

そして、生きていない石だって死ぬ。死ねば粉々になる、まず砂になる、やがて花崗岩などはマサ土になるのだ。もう、よい！　その石の目とやらを言え！

花崗岩は通称ミカゲ（御影石）という。高級建築石材である。赤ミカゲや黒ミカゲはすべて輸入品である。

赤ミカゲを数カ所の現場で使っている中に、ある現場の内壁に貼った部分に、ヒビ割れのようなものが見つかった。照明の光の当たり具合で見え隠れする。パッと見では分からないが、気になると言えば気になる。しかし、施工したばかりの新築ビルであり、取り替えるように指示した。下請けをした石材店は我が国でも有数の有力店であった。外装のパラペット（立ち上がり）の笠木に使用する赤ミカゲ等は日本広しといえども、その店にしか在庫はない。他の業者では調達能力がない代物だった。

石は掘り出した順番通りに切断加工されて使われる。だから、もし取り替えとなると、〝目〟が合わなくなるのだ。つまり石には〝目〟があり、ミカゲ石の自然に出来た天然模様を〝目〟というのである。その〝目〟のヒビは見方によれば、泪を流したように垂れ下がって入っていた。ヒビが入ったのを悲しんでいるようだった。

ミカゲ石の〝目〟は余りはっきりしたものではないが、それでも「順番の違う〝目〟のものは使えないので貼り替えることもできません」と最初は渋っていた。しかし、よく似た石を捜してくれてことなきを得た。

このように天然物の石は厄介である。今時の人造石ならば、工場で同じ物を大量生産できるので、おなじ物が使えてすべてが揃っていいてキレイである。取り替えても同じ状態に出来るので、簡単かつ易しい話である。もし、これがミカゲ石でなく大理石だったならば、どうにもならないことだった。

ある現場で、盆栽を置くためのバックの壁一面を白大理石で貼った。しかしその石理《せきり》（形状、組織）が揃っていなかったので気に入らず撤去してしまった。そして単純な白塗り壁にやり替えた。大理石は良いものは家具屋行きになる。建築用材にはそれ以外のものしか回ってこないのである。その点ミカゲ石は建築用材として、家具用材とは住み分けているので使いやすい。

石以外に建築屋と家具屋にとって共通した用材に、木材がある。家具屋が使う木材と建築屋が使う木材も住み分けている。うっかり建築に使うと、家具屋が使い物にならない撥ねた物であったり、暴れぐせのあるよくない物もあるので要注意である。あッ、ここにも出てきた、〝暴れる〟なんて言葉が。〝風が暴れる＝暴風〟のようにも使うが、『建築大辞典』によると、「木材の場合は材料や仕上面が乾燥変化などによって狂ったり、捩《ねじ》れたりすることで〝狂う〟とも言う」と記している。さらに〝狂う〟という言葉も出てきたゾ。

西欧では３００年〜４００年前に建てられた石造建物が多く、重厚な趣きが人々を魅了している。古建築であるが、暮らしに溶け込んで使用されている。外壁なども汚れてくると表面を少しばかり削り取ってリフレッシュする。新品同様の美しい姿になる。

このように石材はなかなかの優れ物だが、我が国のような地震国には向かない。火山爆発にともなう地震多発国のイタリアなどでは、災害時には一度に10数万人が石の下敷きになって死んだりするケースがあったのである。

日本では、石材を城廓の石垣に使うことが多かった。近年では鉄筋コンクリート造りのビルの外装用に薄い石を貼りつけて、さも石造りのような建物に見せるなど、石と建造物とは切っても切り離せないものだと言えよう。

科学技術が発達した現在では石も人工的なものに取って代わりつつあるが……。

能力は雑巾と同じ

「邦江のつぶやき《ツイッター》」

能力の限界に苦しむことが度々ある。「もうこれ以上頑張れない」とサジを投げ出したくなるのだ。

子育てと学業や仕事と家事などの4足のわらじを履いて頑張っていた頃のことである。私は「もう限界、学校をやめる」が口癖になっていた。

重一に勧められて大学に入学した時にはまだ子供はいなかった。2回生になって子供を授かった。子育ては忙しいなかでも心の糧だったので、捨てるのなら学業の方だと決めていたのである。

重一は「能力は絞り出すもの、絞っても絞っても水が出てくる雑巾のようなものだ」ととりあってくれなかった。雑巾と同列にされたのでは悔しいので、泣き言を言いながらも頑張るしかなかった。

誰でもそれなりの能力を持っているが、それを出し切るかあるいは出し惜しむかの差があとあと大きく物を言う。周囲もどうやって相手から能力を引き出すか、あるいは出させるかが難しい。

私も子育てをしながら、能力を発揮させることの難しさに悩んできたし、もっと出せるはずだと歯がゆい思いをしてきたが、重一が私に言った「雑巾と同じ」という言葉は思いつかなかった。重一も自分の子供には言わなかったはずである。多分同志としての感覚で私には言ったのであろう。私も同志として応えてきたと思っている。

木造の隙間と工法

ツーバイフォー工法は木造住宅の新工法であり、アメリカ、カナダで開発されたものである。昭和49年（1974）に当時の建設省（現在は国土交通省、略して国交省）によって認可され、我が国に入ってきた。正式名は『枠組壁工法』といい、2×4工法と言われるのは、断面が厚さ2インチ幅4インチの木材を主材として枠組を作り、その上に構造用合板を打ち付けて組み立てるからである。在来工法である軸組工法とよく比較される。

妻の友人であるアメリカ人夫妻を、設計監理した家に案内したことがあった。妻は日本人であった。アメリカ人の夫は、そこで首を横に振りながら、日本の家は「隙間だらけで駄目だ」と言う。「それに比べて、自分達が暮らしている『ツーバイフォー工法』の家には隙間がない、それでなければ家の体《てい》をなさない」と。確かにツーバイフォーの家には隙間がない、それは認めるところである。2000年の歴史を持つ在来工法の日本家屋は、隙間のオンパレードである。しかし丁寧な施工さえすれば隙間は防げるし、現在では大壁工法が採用されているのでほとんど隙間はない。

それを言っても、彼は首を横に振るばかりだった。日本家屋の〝ワビ〟〝サビ〟を理解できないし、ましてや理解しようとしないのである。住文化の違いを実感した。

ツーバイフォーは建前（あらましの構造体が出来上がること）の時点ですでに約60％ぐらいが出来上がっている。だから工期が短縮できるのである。

我が国の伝統的木造建築に用いられる軸組工法は、柱や梁を一本の線とみなし、線構《せんこう》造《ぞう》ともよばれているが、建前、つまり棟を上げた時点では約45％ぐらいの出来上がりである。その分工期は長くなる。構造体は柔構造《じゅうこうぞう》である。

柱と梁の仕口《しぐち》（ジョイント）に〝ぐらつき〟があるように思われるものの、それが〝粘《ねば》り〟となって地震や台風にも耐えられる強さを、柔軟に発揮するのである。つまり横からの力を、木組の〝ぐらつき〟〝粘り〟が吸収して倒壊を防ぐ。勿論、斜材の筋違《すじか》いや壁面の耐震性が総合的に機能することが重要である。

対してツーバイフォーは板状の壁で構造体を造るので、面構造と言う。隙間はなく、箱状になっているので、地震や台風に非常に強い。剛構造（外力に対して変形しにくい耐震構造）である。湿度の高い日本の気候風土に合うように改良されて造られるようになり、近年、増えつつある。同じ木造系家屋としても在来工法と共存しているので、ニュータウンでは両方の建前をよく見かける。

在来工法は国産の木材が使われるが、ツーバイフォーの構造体の木材は北米産のものであり、我が国の住宅政策の一端を担って、きっちりと貢献している。

再び隙間の話にもどる。アメリカ人の夫に隙間の効用を説明した。「完璧に隙間を無くした建物は、外からの音が一切しない。だから遮蔽されて孤立感が漂う。外気との流通もない。隙間だらけの家がよいという訳ではないが、多少の隙間は季節感や風の訪《と》う音《ね》がして風情がある。人として外界との触れ合いもあった方が、安心感が持てて、密室感が和らぐのではないだろうか」と言ってみた。コックリと頷《うなず》いていたが、理解してくれたかどうか。やはり欧米の文化とは感覚も違うのだろう。

山荘での出来事。久しぶりに行くと、野鳥の雛が浴室の中にいる。3匹が親鳥を探して鳴いている。1匹は死んでいた。何処から入ってきたのか分からない。閉め切っていたはずの室内に、どうして親鳥と逸《はぐ》れて入ってきたのだろうか？　そっと戸外に出してやる。

先ほど迄、外から親鳥が大きな声で鳴いて呼んでいたが、ぴたっと止んで親子とども何処かへ行った。死んでいた1匹の雛は可哀想だが、これもそっと草叢の中に入れてやった。

アマチュア達（教室の生徒）の手造りの山荘であったので、当然隙間だらけだが、まさか野鳥の雛までが入る隙間があるとは驚きであった。隙間だらけなので、小さな虫はしょっちゅう入ってくる。酷い場合はスズメバチが天井にぶら下がって、巣を造ろうとしていた。すぐさま殺虫剤をかけて、造り始めの小さな巣を取り除いたこともあった。杉の木に付くカメ虫も困り果てる。臭いからだ。

それにしても野鳥の雛は何処から入ってきたのだろうか。妻の推測によれば次のようになる。

「軒下に造られた巣から這い出した雛が、垂木を伝って屋根裏に迷いこんだ。明かりが差す方へ移動しているうちに、下地板の隙間から室内に転落したのだろう」と言う。

考えてみれば日本の家と隙間は、切っても切れないものがあるのかも知れない……。

自然との共存共栄とでもいうのだろうか……。以後、山荘に着くと、真っ先に雛が迷い込んでいないか捜すようになった。隙間への期待感（？）が身についてしまったようだ。

知人が所有する山荘に招待された。南信州の山々に囲まれた風光明媚《めいび》な場所で、広大な敷地の中に山荘は建てられていた。山荘の保守点検を兼ねての訪問だった。何やら居間の天井と壁の片隅に何かが流れたようなシミ跡があるので見てほしいと言われた。出入りの大工を呼んで天井を剥がしてもらった。何と驚くなかれ、白蟻ならぬ黒蟻がビッシリといて大きな巣を作っているではないか。少し殺虫剤を撒いたが、そんなものでは追いつかず、後日、改めて駆除することになった。築後、十数年経っていて、あちこち傷んでいる所もあり、それらを含めて工事をしてもらうことにした。

山荘の維持管理はそれなりに大変である。普段不在にしているので、不具合いに対しても迅速に対処できないからだ。使用する設備機器なども、ストーブは灯油がよいのか、プロパンガスがよいのか、メンテナンスやコスト面が悩ましい、と言う。じっと話を聞くうちに、彼はどうやら現実的日常的な生活感覚で山荘の暮らしも考えていることに気づいた。

そこで「少々のことがあっても、アタフタしないのが別荘族であって、誰しもがこのような結構な別荘を持てる訳ではありません。ことに日本人には馴染まないところがあります。まァ、別荘税を払っている積もりで、余分の出費についても已むを得ないのではありませんか」と話してみたら納得された。

そして「黒蟻の侵入などの隙間についても、虫や動物、植物は先住者であって、人様よりもずっと古くから寝座《ねぐら》にしているのだから、已むを得ない、且つ、これらの生き物は人間の英知を越えて、何処からでも入ってくる、どんな隙間でも見つけ出すものだし、ネズミなどは隙間がなければ、自らの歯牙《は》で削り取って隙間を作るので、厄介この上ない」とも話した。

ということは、先のアメリカ人が言うように、いくら隙間のない家を造っても、こんな山の中では、小動物達には敵わないのである。家造りでは防虫防鼠を完璧にすることが望ましい。しかし職人が建築中に〝食べ滓〟を残したりすると、すぐにネズミは住み着くという。防虫も主に白蟻のことであるが、今回、山の中では黒蟻が住み着くことが分かった。白蟻駆除も新築の時にすれば安くあがるが、建ってしまった後では、二倍の費用が掛かる。覚えておいた方が良い。

薬剤駆除は白蟻にも黒蟻にも有効である。但し保障期間は5年なので、後は再び駆除処理をすることになる。何れにしても虫とはイタチごっこをせねばならない。

これも家を造って持つ人の宿命であろう。泣き言はよそう。ドンドンとまでは言わぬが、それなりに金銭を使って、我が国の消費に貢献したら良い。別荘族がたくさん貢献しているのだから、家の中に四六時中居る人達もせめてもの社会への奉仕だと思って、家のメンテナンス料に使うぐらいのものは惜しんだりケチったりしてはならないと思う。

家は普段の手入れこそが、長持ちさせるコツであって、そこに掛ける金銭は一切ムダ金ではない。地震、台風などの災害にも持ち堪える有効打、いや有効金だ。

ツーバイフォー工法も在来軸組工法も自由に選択したら良いでしょう。問題は隙間だけではありません。木を見て森を見ず、ではなく、木も森も見て決めて欲しい……ということです。

山小屋完成セレモニー

排水不備……はなぜか？

欠陥住宅が社会問題になっていた頃の話である。

大量にある浴槽の排水が外部の会所（掃除点検用に設ける桝）に繋がっておらず、長い間、床下に垂れっ放しになっていた。なんとも笑うに笑えない悲劇的ハナシであった。手抜きも、これだけ非道《ひど》いものは見たことがなかった。

床組の其処ら中の木材が腐っており、畳の部屋もカビだらけで臭っていた。住人はもっと早く分かりそうなのに、気が付かなかった。まさか、まさかの現象《こと》だった。建売住宅の最たる悪例である。

排水は絶えず床下に溜って、地中への浸透を繰り返していた。滅多にないことだと言えば言えるが、現実に目《ま》の当たりにすると、ひょっとすると他の家にもありそうな気もするのは如何《いかん》ともし難《がた》かった。まア、欠陥住宅を掴まされた人にとっては、当時は気休めになる話であったかも知れない。「我が家はまだマシだった」と。

現在でも排水不備は多い。雨水の排水にもよく見られるケースである。軒先に付ける軒樋の受け金物が外にズレた位置に取り付けてあり、そこに樋が乗せられていたので、雨水の半分がそのまま、地面に零れ落ちていた。その上、その受け金物も粗《あら》く付けられていて、通常のピッチの2倍にもなっていた。そこへ冬場に雪でも積もれば、折れたり曲がったりする。欠陥のオンパレードである。

何も戸建て木造住宅ばかりではない。レッキとした鉄筋コンクリート造や鉄骨鉄筋コンクリート造の高層マンションにもあった。排水管の漏れが直らないため、階下にも漏水がポトポトと落ちるのであった。床下の排水管が逆勾配になっており、ジョイント部分で漏れていた。

こんな排水不備は屋上の雨水排水にも起こっていた。防水層が切れている、ドレン（註1）の周辺のコーキングと防水層が切れている、パラペット（註2）の天端《てんば》の笠木《かさぎ》から漏れている等々、ごまんとあった。

不良工事によって、建物内は〝水漏れ〟に悩まされるが、建物外でも大変なことが起こる。汚水と浄水（飲み水）が、配管方法の逆によって、とんでもないことが起きる。

地中での配管は、給水管が上側、下水管は下側に布設されなければならない。逆に布設されていた。地中で汚水管が上側に、給水管が下側に重なり合ったところで、どちらにもヒビ割れが入って、給水管に汚水が紛れ込んでいた。それを知らず知らずのうちに人が飲んでいた、というのだ。

配管の布設という、そんな基本的なことさえ十分に守られていないことがあるので地中配管工事も十二分に目を配らなければならない。工事現場での監理・監督は極めて大切である。

人間にとって水ほど大事なものはないが、又、水ほど悩ましいものもない。先ほどの鉄筋コンクリート造の屋上での雨漏りは、スラブ（床板）の中の鉄筋を伝って漏るので、実際に漏っている個所《とこ》と正反対の個所で漏ったりする、極めて厄介なものである。入念施工が基本であるが、水はどこにでもしみ込んでいく……そこが難しい。

殊にアスファルト防水などは、真っ黒けの真っ黒で、目視《もくし》では分かり辛いので、ゼネコンや防水業者の責任施工制を取る。かつ、保証書を入れさせるのである。だからといって、監理・監督の責任は遁れられない。裁判沙汰になると、真っ先に吊し上げられるのである。優良ゼネコン、優良防水業者を選択して、工事をやらせるより他に方法がない。勿論、防水仕様は徹底的に重武装したものにしておくことも次善の策である。

（註1）ドレン　雨水、汚水などを排水するための床面や溝などの排水口に設けて、排水管に接続する部品（建築学用語辞典より）。

（註2）パラペット　屋上などにめぐらす低い立上り壁

火災の後始末

建物は火災に遭うと、木造の場合は半焼程度ならば、元通りに修復出来る、が、鉄骨の場合は難しい事情《こと》が起こる。

鉄は熱に弱く、火災によって柱などは棒状の飴のように、ぐにゃりと曲がる。修復は困難である。その点、木の柱は燃えるが、熱では曲がったりしないので、修復は容易《たやす》い。燃えた所を取り除いてしまえば、後は大工の手で直せる。

失火して半焼した二階建て木造アパートの修復に際して、全く元通りにするのか、どうかについてクライアント（施主）を交えて話し合いが行われた。穴の開いた屋根についてクライアントは元々の瓦屋根にしたいとの希望だった。何故ならば粘土瓦は重厚感があって風格があったので、従前通りのイメージを持って、被災者たちに再入居をして貰えることを願ったからだった。

アーキテクト（設計者）にとっても、瓦屋根は日本の文化だと、常日頃、クライアントらに説明していたので、構わぬといったら構わない話であった。が、その建物の現況を見ると、経年変化によるみすぼらしさに加えて、火災でヨレヨレになっていたので、少しでも躯体の負担を軽減すべく、軽量なスレート瓦に葺き替えることを提言した。やっと合意を取り付けて、工事に掛かったが、火災の被害よりも、消火のための水浸しの被害が大きいことに気付いた。

火災が全くなかった所まで、水浸しになったために、すっかりやり直さねばならなかった。消火をしてくれた御恩のある消防署に、文句を言う訳にはいかない、只、黙々と直すだけであった。

そうこうするうちに、あの悪夢のような『阪神大震災』が起こった。周辺《あたり》一面、建物群のどの外壁にもヒビが入り、瓦屋根が崩れてしまっていた。

彼《か》のクライアントは茫然と立ち竦んで、周囲を見回して驚いた。火災で修復した建物は、完璧に無事で、外壁にも一切ヒビは入っていなかったのである。成程、アーキテクトが屋根を軽くしたいと言ったのは、このことだったのかと、漸く理解することが出来た。一帯に所有していた賃貸物件の修理に億万円掛かったが、せめて火災の被害を直したアパートだけでも助かったのである。そして、改めてすべての屋根を軽量化した。

天災などは起こる時はすべて突然であるように思われるが、ものには必ず前触れがあるものだ。だから木造アパートの屋根を軽くしたのだ、と言いたい。

虫が知らせる、ということがある。気配を感じたならば、よくよく注意をして、ことに当たることである。

現代のような時代は、須《すべか》らく、注意に注意をして、ことに当たるべし、であろう。

上手くいっていれば、いる程である。

鉄筋コンクリート造と木造

鉄筋コンクリート造の建物は、コンクリートと鉄筋から造られているのは周知のことだが、コンクリートについて改めて『広辞苑』を繙く。

コンクリート〔混凝土〕セメント・砂・砂利・水を調合し、こねまぜて固まらせた一種の人造石。製法が簡単なこと、圧縮に対して抵抗力が強く、耐火・耐水性が大きいので鋼材と併用し、土木建築用構造材料として使用。

セメント：通常、粘土を含有した石灰石や石膏を焼いて粉末としたもの。水で練れば速やかに凝結し、乾いた後は固まって水に侵害されない。

石灰岩：堆積岩の一。動物の殻や骨格などが水底に積もって生ずる。主に方解石（天然の炭酸カルシウム）から成り、混在する鉱物の種類によって各種の色を呈する。建築用材または石灰及びセメント製造の原料に供する。石灰石。

これだけの解説で分かったのか、分からないのかは人それぞれで、この原料たる石灰石は無限にあるとのことである。これは某セメント会社の鉱山技師が話してくれたことである。日本では尽きることは無いのだそうだ。

さて、それでは鉄はどうなのか？　鉄鉱石が原料である。これも世界には大量に存在し、今の所、不足する等の話はない。価格も金属中、最も安い。この両者が相俟って、建物の構造体、つまり骨組みを構成する。

翻って、木造の建物はどうだろうか？　木材を主材として造るので、むしろ、コンクリートや鉄などのように無尽蔵ではない。木は一朝一夕で木材になるものでなく、柱材として使うには50年の歳月の成長を経なければならない。大変な時間を要すると同時に、その間の間伐《かんばつ》（間引き）や枝打ち、下草処理などを考えれば、かなりな労力も要するのである。

植えッ放しておいて50年という訳にはいかぬのが木材であり、更には伐採－山出し－運搬－乾燥－製材の手順を踏んで、元の原木が木材として誕生することになる。コンクリートや鉄筋のような無機質の安価なものでなく、れっきとした高価な有機質のものである。なのに何故、鉄筋コンクリートの建物（ＲＣ造）が高くつき、木造建て

（W造）が安いのか？　これはどういうことなのだ。

それは簡単に一言で言うと、RC造はコンクリートの〝鋳造物〟であって、その型枠に金が掛かるのである。つまり二重施工である。コンクリートを打ち込む型枠を加工組立して打ち込み、硬化を終えたならば、今度はその型枠を解体して取り外し撤去する。打ってしまえば後は不要となる型枠工事が、本体のコンクリートの躯体工事と二重になっているのである。

もっと分かり易くいうならば、型枠工事分の金でW造躯体工事が出来るやも知れないというぐらいの金が掛かり、鉄筋やコンクリートが更に余分に掛かるという、厄介な話になる。だからRC造はW造に比べ坪（3・3平方メートル）当たり、凡そ5割以上、倍ぐらいまで高くつくことがある。この型枠工事を如何にして金を掛けずに済ませることが出来るかが、大幅なコストダウンのポイントになるのである。

それはエンジニアに任せるとして、じゃア、RC造とW造とで、どう違うのかは、耐火性や耐震性など、すっかり違い、本格建築と簡易建築との違いでもある。そりゃア、RC造バラックと言われるものもあるし、W造の湿式土壁重量施工の田舎造りと言われる、どっしりしたものもある。だから一概に言えぬが、凡その話としてはRC造は、しっかりした頑丈な建物であることには違いはない。

W造の住宅には木の温もりがあると言われる。一般に人は居住性の良いものとして好む。老人や幼児にとって、RC造は剛《かた》い怪我のし易い危険な建物だと言われたりする。しかし、ヨーロッパなどの石造建築と同じで、構造体の話である。それらの住宅には多くの人が住んでいる。安全なように、内装を施せば済む話で、断熱材も十分に入れればよい。

RC造は我が国では歴史の浅い建造物であるので、とかく批判の対象になるが、西欧のように歴史の長い建造物では何らの批判もなく、皆が極く自然に石の塊りの中で暮らしている。築後の歴史の古さも自慢している。内部はリフォームして使うので長期間にわたって使用可能だ。

江戸時代などに建った木造の民家は今でも現存しているが、物理的に使えても、現代生活にはマッチせず、使い難い。

しかし、構造体の木材がしっかりしていれば、耐震補強をして住み続けられる点ではRC造と同じである。京都ではモダンな内装を施した古民家が、町屋として人気を博している。

恩師の役に立つ

「邦江のつぶやき《ツイッター》」

昔から〝師（士）〟のつく3大職業として医師、弁護士、建築士が引き合いに出されてきた。いずれも、生活者が自分だけの力では解決しにくい高度な知識を要する職業なので、友人知人にそのような人がいれば何かと便利であると言われる。

医師は難しい病気にかかった時など、本当のことが聞けるし、弁護士はトラブルに巻き込まれた時に、何かと助言指導をしてもらえる。そして経験豊かな建築士は、住宅にまつわる諸問題を解決してくれるのである。

アーキテクトMは、その一つの士である建築士だったので、ご多分にもれず知り合いから相談をうけることも多かった。その都度、親身になって対応してきたつもりである。

その中でも「建築士になってよかった」と心から思っているのは、小学校と中等学校でそれぞれ教えを受けた恩師に、家の問題で役立つことができたことである。

先生方は多くの教え子を持ち、その生徒からは恩師として尊敬を受けておられるが、3大〝師（士）〟の職業についている教え子には、教え子といえども世話になることだってあるのだ。Mも士のつく職業人の一人として、恩師の役に立てたのである。もし建築士でなかったら、そのチャンスなどはなかったわけで、「建築士でよかった」と思えるのである。

小学校時代のM先生は6年生の時の担任だった。先生は北野中学時代、森繁久弥と同窓だった。出席簿の席順が同じMだったので特に親しかったそうだ。生涯を通じての親友だったたと聞く。お宅の居間には、森繁久弥が描いた額入りの書画がいくつも飾られている。

最初の相談は、先生が戦前から住んでいた借家を立ち退かねばならなくなったときだった。大阪市内でも戦火を免れた地域だったので、気に入って何十年も住み続けてこられた。

家主はマンションを建てるために、借家に住む人たちに立ち退きを迫ったのだった。「長い間安い家賃で貸してきたのだから、引越料は出すが立ち退き料は出せない」と一方的な言い分であった。

「新しく家を探さねばならないし、立ち退き料は必要」と先生はこまりはててMに相談されたのである。Mは弁護士の知恵も借りて、先生に有利な折衝を考案した結果〇《ウン》百万円の立ち退き料を出してもらえることになった。また住み替えの家を取得したものの、かなり手を入れなくては住むことができなかった。Mは改修工事を指導して費用も立ち退き料の範囲で納めた。

二度目は「病院通いをするのに娘が車で送り迎えをしてくれるので、カーポートを敷地内に造りたい」という依頼であった。前庭を利用してカーポートを作ることにしたが、建物の一部を壊さねばならなかった。そこで、ついでにバリアフリーの工事も一緒にすることになり、かなり大がかりな工事になったが喜んでいただいた。100歳を迎えられた先生は現在もお元気で、句を認《したた》めた自筆の年賀状を毎年頂戴している。

中等学校でお世話になったT先生は、定年退職された後、終の住みかを建てられることになって、Mに連絡をしてこられた。知り合いの大工に工事を発注したあと「建築士として家づくり全般をサポートしてほしい」と依頼を受けたのである。

Mは終戦前に中等学校に入学したが、戦後高等学校に移行したので中等教育を6年間受けている。T先生には最終学年で教わっている。

当時、木造は大工が設計施工で請け負うのが普通だった。大工が板図《いたず》を作り、それをもとに家を建てる。構造的には問題はないが、細部はクライアントと話し合いを進めながら仕上げていくことになるので、クライアントにとっては不安要因でもある。

「腕の良い大工なので信用はできるのだが……」と先生も不安を感じておられた。そこで意匠の必要な部分を図面化して、大工に指示をすることにした。完成すると、大変喜んでくださり、お礼にと〝御所車〟の工芸品を頂戴した。我が家の玄関の置物として、もう何十年も飾られている。

大学は別として、小中等学校時代の先生方に、これほど実用的にお役に立たせてもらえたのは、建築士という職業に就いたからである。何となく建築学科へ進学したのだったが、建築士は、万人が必要とする住まいに直結した職業である。先生方は「教え子だから安心だ」と相談をしてくださったのであろう。建築士という職業で恩師に恩返しができたと自負している。

安心安全の組み立て?

今の我が国の安全安心社会の組み立ては、根本的にまちがっている……といえないだろうか? なぜか? 〝組み立て〟、いや、〝仕組み〟といった方が正しいかも知れないが逆ピラミッドになっているのだ。天辺に最高の頭脳が居座り、そこがすべての〝良い物取り〟をしている。そして、やおら下へ下ろしていく。その頭脳は、安全安心社会の現場でこそ必要なのに、社会の仕組みがそうなっていないのである。まァ、建築の設計監理を例にお話しするとしよう。

建築家(アーキテクト)が頂点に居て、何でもかんでも一人占め、独り決めしてプラン(計画)を立てる。そしてデザインもする。こうして基本設計ができあがる。それが終わると、実施設計に移る。

まずは、意匠設計からである。その下に構造設計や設備設計が置かれることになり、そこにこそ頭脳が必要なのに後回しにされて逆ピラミッドになっている。設計図が完成すると、基本設計をした建築家が「検図」といってチェックをする。しかし、この時落とし穴がある。本当の意味での仕事の〝出来〟や〝仕上がり〟の良否は、現場で実際に仕事をした本人以外には分かり辛いのである。プランを立てた建築家の目だけでは見落としが出てくる。

幸いにして、検図で不備が見付かればよいが、もし見つからなければ、安全安心上、大変なことになる。最初の基本設計を、下へ下へと下ろすにつれて、下の者が更に更にしっかりと仕事を熟《こな》してこそ、初めて安全安心が生まれてくるのである。つまり現実の仕事に近付くほど、携わる者がしっかりしていなければならない。にもかかわらず下へ回された頼りないまだ未熟な者が、肝心要の重要な役目を担わされていることが多いのだ。これが逆ピラミッド型頭脳社会の構成であって、最も〝危険不安〟の組み立て社会なのである。

基本設計の不備は、次なる優秀な実施設計者によって、十二分にチェックされながら作図されねばならない。その第一関門は極めて大切である。さらに、構造設計や設備設計の優れた者達によって、実施設計の不備をチェックしながら、設計図書を作っていく第二関門があってこそ、初めて〝安全安心〟の第一歩が踏み出せるのである。

えッ、未《ま》だ第一歩に過ぎないのか！　ってですか？　そうです、未だ第一歩です。次に第一、第二関門を経た設計図は、実際に建てる現場に下ろされる。そこには施工図を描く者や監理をする者がいて、その人達の更なるチェックが入って、何重にも確かめられながら完成へと近付いていく。それが、下へ下へと下ろすにつれ、未熟な技術者になっていったのでは、一体、どうなるか？

最後の〝拠《よりどころ》〟は工事施工者（ゼネコン）となる。そこの現場監督がしっかりしていて、ミスを防いでくれたらば収まる。又、下請け業者の職方が見つけてくれたらことなきを得る。施主（クライアント）が熱心に現場にやってきて見つけることさえもある。ここまでくれば、設計者は大恥さらしである。恥で収まればよい方だ、大事故に繋がるよりは……である。

まァ、出来る限り頭脳、つまり出来の良い者は、もっと下積みになってもらって、世の中の〝安全安心〟に役だって欲しいものだが、実社会では逆になってしまっている。逆ピラミッド型社会にクサビを打たねばならぬ……と思うのだが。

建築家と設計マン、どう違う?

広辞苑によると、コンダクター（指揮者）とは次のように書いている。

管弦楽・吹奏楽・合唱などの指揮者。楽長。

アーキテクト（建築家）はアーキテクチャー＝コンダクター（建築物指揮者）とも言われている。広辞苑を開く。特に建築家という索引はなかった。

手元の広辞苑は少し古い（旧版）かなぁとも思えたが、〝建築〟という中に少しばかり書かれていた。それも〝建築士〟としてである。

けんちくーし［建築士］所定の国家試験に合格した建築家。どうやら、建築士と建築家と同一視されている。

そこで、もう一冊、建築学用語辞典を調べた。

建築家とは建築の設計、監理に従事することを職業とする人。建築士法に規定される資格としての建築士と異なり、専業の建築設計事務所に所属する者だけをさすとの考え方もある、とある。

ともかく、言葉のあらましが分かればよいことであって、建築家も建築士も建築に関わる職に携わる人、一般の人達にはそれを区別してみても分かりにくい。だから、これから分かりやすくお話しすることにする。

冒頭のコンダクターといったのは、楽団の指揮者のことで、音楽に明るい人は別として、素朴な疑問として、何をしている人か？　と問う。これは建築家に対しても、建築設計というジャンルのことは分かって貰えても、建築士との関連や、同じ建築設計なのに建築家の設計と〝それ以外の人〟の設計との違いがどうなのかなど分かりにくい。そして〝それ以外の人〟とは一体、何だろう、誰なのだろうか？　素朴な疑問がわく所である。分かりやすく順を追って、お話しせねばなりません。

コンダクターは、オーケストラのたくさんの楽団員、つまり奏者を束ねねばならない。指揮棒を振りながら、ただ踊っているだけに見えるが、またすべての奏者は下を向いて楽譜ばかり見て演奏しているかのようだが、指揮者に従って皆が演奏しているのです。指揮者の能力に負《お》う所が大きい、いや、指揮者がすべてだといっても過言ではない。

勿論、各々の奏者の技能も優れていないと、オーケストラは成り立ちません。明けても暮れても、奏者は血の滲む練習を続けて、楽団員の一員になっているのです。いくら優れていても、ひとりひとりが勝手な演奏をして、てんでバラバラでは、様《さま》になりません。纏《まと》まらねばならない。そこに重要な役割を果たすのが、コンダクターなのです。あるバイオリン奏者の話「指揮者によって、オーケストラはすっかり変わります。だから最重要な存在なのです」と。よーく、お分かりになりましたねェ。

次に、建築設計とは何なのか？　をお話し致します。建物は設計図を基《もと》に建てられます。「そんなことはない、大工なぞは看板板《かんばんいた》一枚を頼りに造るじゃないか」と仰《おっしゃ》る方もいるでしょう。

看板板とは板図《いたず》のこと、建築大辞典によると、木造の建築の場合、大工が持ち運びに手ごろな大きさの板に、50分の1程度の縮尺で基礎、各階平面、小屋伏せなどを図示したもの、「手板」、「看板板」ともいうと、書かれている。

昔から家は大工が建てるもの、とされた名残であって、現代のように使用建材や設備の多様化によって、極めて複雑多岐にわたるものは、一大工の手では簡単に建てられなくなってしまった。木造住宅にあっても、例外ではない。大工が果たす役割は大きいが、大工が占める割り合いは、昔から比べると、ぐんと減っている。日進月歩である。

だから、金銭《かね》もかかり長期間にわたって住む住宅建築には特に慎重にならざるを得ないのである。根幹に関わる設計料を出し惜しんで建てたために、あとで大きな悔いを残す結果になっては困るのだ。

悔いのない建物を建てるためには、隅から隅まで目配りされた設計図書に基づくほかありません。正にオーケストラのコンダクターが果たす役割のように、アーキテクチュア＝コンダクターが必要なのだ。無数の工法、膨大な使用材料や手法などの取捨選択、構造の決定、デザインのあり様《よう》、インテリア、エクステリア等など多岐にわたります。勿論、間取りや敷地への配置など、根本的なものは当然、誰にでも出来るものではなく、誰にやらせても同じだ、というような安易なものではありません。設計者によって、すっかり変わるものです。正に設計者がコンダクターでありすべてなのです。

と、言っても、施工者（ゼネコン……木造にあっては大工工務店である）は重要である。施主（クライアント）、施工者（ゼネコン）、建築家（アーキテクト）又は設計者（設計マン）の三者が一致して揃わなければ、よりよい立派な建物は建たないのである。

昔から「アーキテクトは齢を取れば取る程よい、豊かな経験が積まれているから」と言われる。ほかの職種と違って建築は余りにも範囲が広く、多くの知識や経験の中から取捨選択の能力が涵養《かんよう》される。それ故大成するのに長時間が掛かる、とされる。年齢の行き過ぎについてはとかく言われるが、建築設計に限って言えば、いくら齢を取ってもやれる仕事であり、クライアントからも、もっともっと、仕事をやってもらいたい、と言われる。その通りである。

では、建築家と〝それ以外の人〟で建築設計に携わる人がいるということは、どういうことなのか、をお話しせねばなりますまい。

まず、その代表格に設計施工という仕組みがある。建築家以外の建築設計がそれであり、それに携わる人がいる。それを設計マン、又は設計屋という。その違いは建築家は作品としての建築設計が主たる目的で、設計マンは施工が主たる目的の建築設計業務を行うといえば、分かりやすいかも知れない。

同じように建物を建てるのに、どこがどう違うのか？　それは、目的がすっかり違うからです。だから、設計姿勢が全く違います。設計姿勢？　そりゃァ、何《なん》だ？

建築家は設計する建物に対して、自己の設計理念を創作発露しようとするものです。ちょっと難しくなったぞ、まァ言うなれば、設計したものが下手をするとゲテモノ（下手物）になったり、またひどく凝ったものになる。そのため予超といって、予算オーバーになったりもする。クライアントに対して、決して善良なる設計者であるとは言えないこともある。だから、アーキテクト以外の設計マンの方が、実際に使える実用的なものをローコストで造って貰える、ということで歓迎されるのである。

アーキテクトは、そうあってはならないのに、アーキテクトなるが故の性癖を持っている。複雑な形の屋根は雨が漏る、妙に使い勝手が悪い、要らぬ所まで凝り過ぎる。無駄や遊びが多すぎる。浴室の幅が狭くて、身体を洗うのにタオルを背中へ回すと、持ったどちらの手も壁面に当たって、十分、左右に動かせない等など、さんざん苦情が出る。デザイン、デザインといって、姿・形にばかり捉われて、無理な設計をしてしまうなど、アーキテクトならではの一面が強過ぎてである。そのため敬遠され勝ちになる。そうでないアーキテクトまで巻き込んで、悪影響を及ぼしているのも事実だ。

しかし、いずれの側の設計者を選んだとしても、クライアントの要望に100％応える結果を出すのは難しい。何故ならば、それが人間であり、人間である以上あらゆる面ですべてが完璧ではないからだ。

建築家にも設計マンにも長短がある。一般的に設計マンは施工者の下請け的存在である。施工上の利益を優先するあまり、余りにも詰まらないものや、お粗末なものを設計して顰蹙《ひんしゅく》を買うことがある。その点、建築家はそんな紐付きではなく、個として独立しているので、自由闊達に設計することが出来る。まだ建築家としての実績がなくても、才能豊かな人はクライアントにも認められ、思う存分の仕事が出来る。

正に、趣味と実益を兼ね備えたものとなる。設計マンの中にも、そのような仕事をしたくて、やがて独立して建築家の道を歩く人もいる。最初は設計マンとして出発しても、その目指す道は建築家なのである。

が、いずれにしても、建物の用途によって、またクライアント達の選定によって、重宝がられたり軽んじられたりする。まァなんだか、双方とも哀れッぽくなる存在である。

三大士業だと言われるのが、医師、弁護士、建築士である。その建築士の数はといえば非常に多い。ヨーロッパ全部の建築士の数と比べると、一級建築士の数だけで我が国一国の数は、それを遥かに上回る。そんな国は何処もない。

お隣の韓国は日本の建築士制度の弊害をよく研究して、よりよい制度を作り上げた。一級だ、二級だ、木造だ、等と三段階まで作って、飯の食えない建築士制度にしている日本の制度を他山の石としたのである。ただの建築士だけの一本化した制度で、適切な数に纏め上げたのである。そして、我が国だけは建築家と設計マンが存在する。ヨーロッパやアメリカには、建築家がいるだけだ。設計施工制度などないからである。

我が国の設計施工制度は、太古の時代から今日まで続いてきた。翻《ひるがえ》って考えてみると、建築家の存在は明治以降の後発ものである。設計施工分離論に対して、先発ものの設計施工制度は、頑として自分たちの優位性を譲らない。先進国たる欧米に追随して、設計と施工の分離をやろうとしても、国の生い立ちや業界の昔からの仕来《しきたり》が、すぐ頭を擡《もた》げてオジャンになる。

ヨーロッパの建築家の歴史は2000年以上前に遡ることになる。その当時、建築家は兵学者として、貴族に列せられた。なんとなれば自国の城や砦を設計して構築出来る者は、敵の城や砦を破壊することが出来るノウハウを持っている、ということであった。また建築家は都市計画家でもあった。古代の都市を形造ってきたのである。我が国はその面では、先進国の異端児である。形のないものに金銭を払いたがらない国民性も、また異端児である。設計とかデザインとか、無形のものこそが重要だと考えるヨーロッパと違って、設計施工になるゼネコンは、「設計は無料でサービスする」と言って、営業活動を展開するのである。そんな餌に釣られてクライアントも仕事を発注する、つまり建築文化後進国である。だから、その無料の設計をする設計マンの給料や報酬も、さぞかし無料なんだろうなァと心配をしてしまう。

違う！　給料は貰っている、ってですか？　一体どこから出るのでしょうかねェ？

結局、工事費の中から出るのだそうです。サービス、無料で釣られたクライアントが、工事費の中に設計費用を巧妙に潜り込ませたゼネコンによって、結局は設計費用を払わされていたとは、ケッタイな具合ではありませんかねェ？　もし、クライアントが取り返そうとして、何かをしかけたとしたら、ゼネコンは詐欺か何かに当たるんじゃないですか？

無料だった証《あかし》として、他社から相見積《あいみつ》を取るクライアントもいる。ゼネコンが無料と称して提供してくれた設計図を利用するのだ。すると、他社のゼネコンがかなり安かったので、設計サービス無料ゼネコンに仕事が行かなくなったこともあります。抗議をしてきたゼネコンと話し合い、結局は幾何《いくばく》かの設計料を払って、その設計を買い取ることになった。その費用を、安かった他社のゼネコンの見積りに加えても、ぐんと安かったということです。設計料は無料どころか、無料程《ただ》この世に高いものはない……という、とんでもない話だったのです。そんな話も、ごまんとあるのです。

意地になって、他社の相見積より更に下げて受注するゼネコンもあります。そうすると、せっかく安い値段を提示した他社のゼネコンは馬鹿をみることになります。うまく利用されて、歯軋《はぎし》りをする。けれども、よくしたものでゼネコンは、「しょっちゅうあることだ」として次の仕事を探します。何だか、狐と狸の化かし合いのようですが、それはそれで厳しいサバイバルゲームなのでご安心あれ……。

設計にも適切な報酬を与えてこそ設計であり、世の中に生かすことになり、それをシミジミ知らねばなりません。設計は出来上がった物のイシズエになって見えませんが、それを無料《ただ》などもっての外。顕著に見えないもの、形のないものをこそ大切に扱わないと、やがては人は滅びるだけだ。滅びてもよいという、ヤケクソは言えても、後はどうなるかを言えなければ、無責任な暴言にすぎないでしょう。

家とは何ぞや……

家は『出来る、完成する』というよりも、『生まれ出《い》づる』といった方が適切かも知れない。人間並みだねェ……。そりゃア、人間以上だョ。大昔からのことで、むしろ、今の方が「出来る」などと粗末な扱いをしているようだョ。

耐久消費財などといっても、恰《あたか》も使い捨て指向だよネェ。短い間で造っては潰し、潰しては造るのは、幾ら経済の活性化といっても、余りにも非道《ひど》い。天罰ものだョ。そんな国は、一体、他にあるのだろうか？

家を建てる、そこには敬虔な祈りが伴う。だから神主だって三度も御祓《おはらい》に罷《まか》り越す。先ず地鎮祭、次いで上棟式、最後に落成式である。そして神棚を設け、内壁《かべ》の上部《うえ》で東向きに大神宮の神符を祭る。朝な夕なに手を合わせる。家にまつわるすべての安泰を祈るのだ。家こそが最大の資産であらねばならない。人が最も恩恵を受ける場所《ところ》であり、決して使い捨ての場所ではないはずだ。今では少しばかり様相が違ってきて、200年住宅などといって、俄かづくりの口裏合わせをして言い始めている。西欧などは、遥かに年代を重ねた、つまり300年も400年も経った家で、これからも住み続けると言う。200年住宅を、これから造るという我が国の話なんぞ、ちゃんちゃら可笑《おか》しい。何だか薄ら穢《きたな》い金儲けの道具にしようとする臭《にお》いが、ぷんぷんするのは覆い難い。家への罰当たり奴《め》が、と怒鳴りたくなる。しかし、まア、こんなハナシがある。

昔々、ある村に、ムラ一番の親不孝者（若者）が居りました。ある日のこと、殿様がムラ一番の孝行息子に、大層、立派な褒美を遣わすという『御触書《おふれがき》』を出したのです。それを見た若者は、百八十度、人が変わったように、その褒美欲しさに何処《どこ》へ行くのにも老いたる親を負《おぶ》うてムラ中を歩き回りました。人々は陰口を叩いて、露骨に言い合いました。「ご褒美欲しさの浅ましい奴め、アイツの身の変わりようはナンダ！」と。

殿様の耳にも入りました。当然のように、皆は殿様が褒美なぞ出される筈はない、と信じて疑わなかったのです。が、殿様は、「あっぱれ、ムラ一番の親孝行者じゃ」と、たっぷり褒美を与えました。ムラ中の人が殿様の所へ押し掛けて行きました。抗議をして、本当のこと、如何に親不孝者で、如何に狡猾《こうかつ》か、を言い募りました。殿様は決して撤回などしなかったのです。そして言いました。「真似事であっても孝行に違いはないのじゃ」と。それ以来、その若者は真《まこと》の親孝行者になったそうだ、とさ……。だから、例え今からでも、心を入れ替えて、バラックはヤンピして本物の家造りに励むのならば、いいではありませんか、今までのことは水に流そうじゃありませんか……ということになる。

家は物理的には200年保《も》つといっても、設備面や周辺のインフラ、環境の変化などによって、住み難くなったり、逆に住みやすくなったりするので、流動性のものでもある。西欧と我が国との違いもある。災害列島であるので、殊に海に面した場所や、洪水になりやすい平地や山間部の谷間も危険区域と言える。

安心な高台や丘陵、山間も何となく住み辛い。低地は危険と分かっていても住みやすい。それらの立地条件は安心して住むために最も大切なものだ。しかし絶えず危険と隣り合わせでも住み、かつ選ぶ。性懲りもなく……だ。

ある年配のご婦人が住宅を購入すべく、現地を下調べした。真ッ先にチェックしたのは病院などの医療機関が充足しているか、どうかだった。寄る年波を考えてのことだった。日常生活用品の購入の便益も大切な要因である。交通機関、つまり足の便も、金融機関や通信手段、郵便ポストの位置までも言う人がいる。気象条件も留意点である。しかし好条件がそろった場所など簡単にはない。結局は今まで住んで居た場所が一番良い、ということになってしまう。

〝住めば都〟である。土《と》地《ち》鑑《かん》のない場所へは、人は向かおうとはしない。我が国では家を買うというよりも、場所を買うといった方が的を射ているかも知れない。そしていかなる家がいかなる人に必要とされるかは、それぞれの文化的水準によって異なる。が、家も『生きもの』である。無機質的に人と共にする『入れ物』ではなく、協同的存在であることを忘れてはならない。履いた靴が足に合わねばならないように……。

分切《ぶぎ》れって何だ？

木材を切断すれば大鋸屑《おがくず》が出る。その分、形状は小さくなるので、これを分切れがおこるという。

木材の中で取り分け板類に、この分切れが多い。板の厚さの呼称、例えば5分板ならば15ミリメートルあらねばならないのに、4分板程度つまり、12ミリメートルしかない場合がある。なぜ、5分板だと売っているものが、4分板に化けるのだろう？　材木屋が、さも詐欺行為をしているように見える。が、昔々から、そうなっているハナシである。だから、設計図には〝正寸あるいは正味厚さ○○ミリ〟と書く。これには歴《れっき》とした理由がある。

製材をする前段階として、原木に板厚の墨を打っていく。5分板ならば15ミリメートルの間隔で墨打ちをする。そして鋸挽きする。すると、1分《いちぶ》、つまり、3ミリメートルの鋸挽きによる大鋸屑《おがくず》が生じる。15マイナス3＝12ミリメートルになり、5分板が4分板になる。しかし、原木に墨を打った時点では15ミリメートルあったので、その板は飽くまで5分板だ、ということで一歩も引かないから、当然のようにして大手を振って罷り通っているのである。

そんなものは詐欺《サギ》でも烏《カラス》でもない、至極当たり前のことだと言う。正味5分板が欲しければ6分板を求めなければならないことになる。材木の歴史は古い。昔からの仕《し》来《きたり》つまり慣例ならば、致し方あるまい。現代版設計図は後出しである。

かくして木材が正寸に足りない場合を総称して、分切れという。

余談：木材には表と裏がある。板を外部に貼る場合には、木裏《きうら》を表面《おもて》にして貼り、内部に貼る場合は、木表《きおもて》を表面《おもて》にして貼る。その理由は木表と木裏の質材の違いがあるからである。木表は木材の外周方向の面であり、木裏は木材の樹心方向の面である。内木裏の方が腐食し難いので、風雨に曝される外部に貼る場合は木裏を外側にする。内部には、木目が揃って美しい木表を表面にして貼るのである。しかし、木裏の方が節などがなくて、良い場合があるので、職方によっては、木裏で揃えさせて欲しい、と言ってくるものもいる。

何故か？

無理に木表で揃えようとすると、かなりなコストアップになってしまう、と言うのだ。まア、金銭《かね》のことを言わずに、幾ら高くついても構わないから、木表で揃えるようにと指示をするが、何しろムク材のこととて当たり外れがあるので、無理をせず、臨機応変に対応することになる。

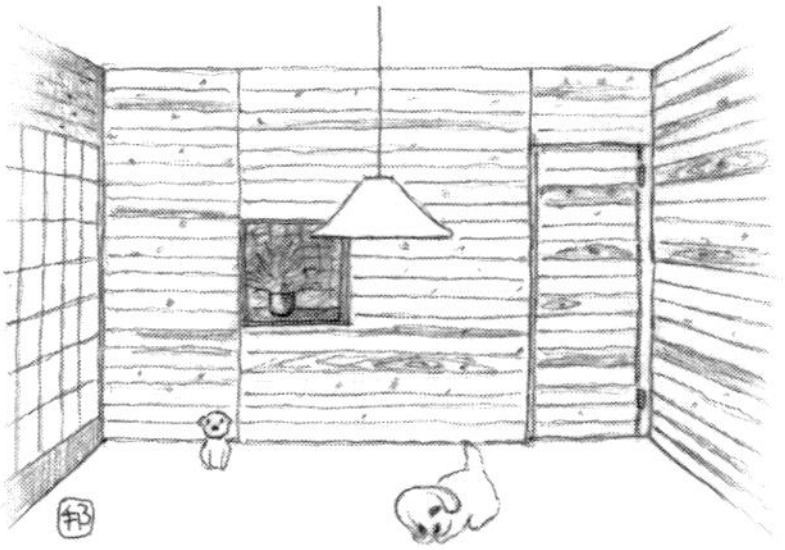

左官屋が途絶える？

左官とは、さかん、しゃかん、とも呼ばれる。壁などを塗る職人のことを指すが、左官屋と、語尾に〝屋〟を付けて呼ぶこともある。一人前になるのに、10年は掛かる。家を建てる職方の中で、最もキラワレる存在だ。何故だろう？　左官技能は大変貴重なもので、国宝はいうに及ばず、重要文化財の建物の修復には欠かせない。今も、我が国の伝統木造建築や数寄屋建築には左官工事が、欠くべからざる存在である。にもかかわらず、キラワレるのは？

本来我が国の家造りでは、壁は左官屋が仕上げてきたが、現在では様相が一変してしまっている。昔から行われて来た、左官屋が手掛ける湿式工法（粗壁土《あらかべつち》に藁《わら》すさを加えて練って壁の材料を作り、かつ塗る手間がかかるやり方）は殆ど無くなり、省略した工法になっている。

じゃア、別段、キラワレる必要も無くなっているのじゃないの？　もう、仕事自体が無いのに……お可哀相にねェ……。そうなんですが、ちょっとだけだけれど、左官屋を必要とする仕事はまだあるんですョ。それさえも、左官屋にではなく、手伝い人足といわれる者に回してしまうんですョ。

どうして？　せっかくキレイに仕上げた個所《とこ》ろでも、左官屋は練り材料を使用するので、そこら中が汚されるのです。だから左官屋は汚し屋だと言ってキラワレるんですヨ。オマケに乾くまでの時間が掛かり、全体の工期までもが掛かり過ぎる……ということは工事費にも関わってくるのです。

だから出来ればキレイな乾いた材料で仕上げて、工期も短縮され汚されもしないやり方に転換してしまっている。つまり乾式工法だ。

職方も〝手伝《てった》い〟と言って、大工、左官などの専門の職人の補助仕事をするものに、手間賃も安く手軽に使える、ということで振り向けてしまう。だから、なかなか、左官屋に仕事が行かなくなってしまって悪循環に陥っている。

又、技術のうえでも今の左官の多くは、プラスター等の乾きの早い〝壁塗り作業〟が出来ない、と言われている。それが非常に困るのである。

ある家造りの設計で、壁の仕様をカラープラスター塗りにしたが、現場は仕事のできる職人の手配に難儀した。そうした職人は、文化財建築の修復にも、絶対に絶やせない手である。職人も技術も、ちゃんと継承されねば、我が国の建築文化遺産は保存し続けられなくなる。文化財の修復仕事も、連続してあれば良いのだが、途切れれば他の仕事と兼ねてやらなければ、やっていけない。

だから、民間の住宅建築も和風の良いものを設計して、それらの職方を使っていく必要があるのだ。乾式工法のガラクタばかりを建築していく訳にはいかない。小舞掻き土塗り壁の〝しっとり〟とした数寄屋風建築などが、それなりに建てられて、町や人を潤す風潮が必要なのである。和風建築の技法を絶やしてはならないのである。

第2章

人はなかなか分かりあえない

家の設計は誰でもする？

家の設計なんぞ誰でもする、と嘯《うそぶ》く。然り、その通りである。設計依頼を受けて、クライアント（施主）が描いた間取り図を受け取る。じっと眺めていると、寸法の記入もなく、落書きのように描かれていた。実際の寸法を出して、敷地に当て嵌めると、何と建物の方が遥かに敷地よりも大きかった。笑うに笑えないハナシだが、笑う訳にはゆかぬ。

熱心に描いてきた痕《あと》に、家造りへの執念がにじみ出ている。夢が大き過ぎて描き過ぎた、と見れば当然のように思えるし、やっぱり、そこが素人なんだなァ、と思えば、それも当然のように思える。クライアントに、やんわりと、そのことを言う。何処までも何処までも、ヤンワリとである。理解し合ったので、次の段階に進める……という具合でクライアントの意向を尊重しながら、家を建てる準備が行われていく。

ある人は言う。家造りなどは仕様書をしっかり書き込んで、工事をやらせる大工に手渡せば良いだけのことで、何不自由のないものが建った。わざわざ設計なぞ、誰かに頼む必要は無いと。はたしてそうなのか？

クライアントが望みもしない家など、設計したり建てたりは出来ないしありえない。初動の原形は勿論のこと、最終段階の設計に至るまで、〝クライアントの承認〟が要るので、施主（クライアント）は関わり続けているから、まァ、『1億総設計者擬《まが》い』をやっている、とでもいうことになるのかもしれないが……。人にとって家は、それぐらい日常茶飯事的に密着していて、誰しもが在り付ける寝座《ねぐら》なのである。

えッ！　それは、ちと人間を侮辱し過ぎの言い種ではないか！　との仰せですか？

仕方ありますまい、何時もの癖で広辞苑を繙きます。

ね－ぐら〔塒〕（寝座《ねぐら》の意）鳥の寝るところ。とや。

いやいや、失礼しました。時々、何気無く〝ねぐら〟などと言って、使うことがありましたので、つい、うっかり使った迄です。心よりお詫び申し上げます。人は鳥よりも劣るところで住んでいることだってある……だから、そんなに気にしないで下さいよ。

冗舌はさて措き、ひょっとしたらば、プロだって敷地より大きい家を設計するかも知れませんよねェ……。それが実際に建つ？　ならば、キットきっとクライアントは大喜びして、たちまち名物設計者になるなんて、莫迦なハナシになるかも知れませんョ。プロも名ばかりのプロがいますから。ご用心を。

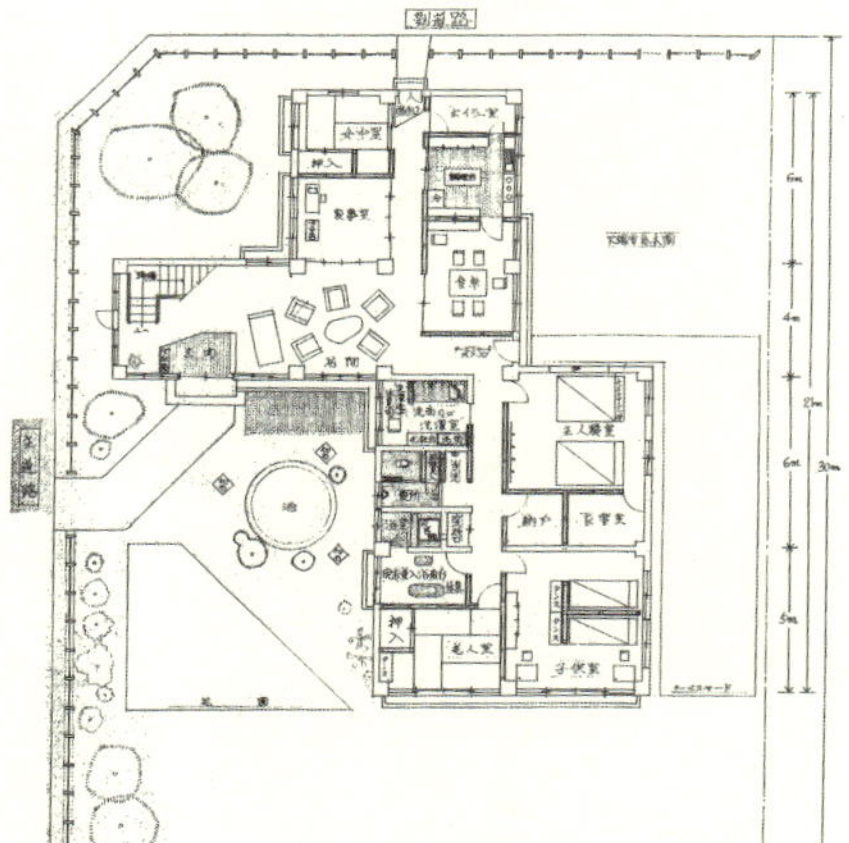

学生時代の重一の製図

ひと・金銭・もの・土地・くに

金銭《かね》を使う。その原資《もと》は稼がねばならない。通常は汗水を流して稼ぐのであるが、そんなのは高《たか》が、しれている。また糊口《ここう》（生計）を凌ぐため稼ぎたくても、それさえ困難な今日この頃でもある。その大切な虎の子である金銭は、一口（ワンフレーズ）で言うと、騙されないと使えない。いや、騙されてしか使えない、と言った方が当たっているかも知れない。

随分と昔の話ではあるが、ある所で、ある住宅用地を坪（3・3平方メートル）当たり5万円で買わされた人がいた。Uさんである。やがて、隣接の全く同じ状況の土地を、隣の人は坪当たり3万円で買っていたことを知る。その時期も殆ど同時期であり、Uさんは何故そんなにも高値で掴まされたのかを全く理解出来ず、騙されたとしか考えられなかった。怒り心頭に発したが金銭《かね》も支払って取引も成立してしまっていたので、どうすることも出来ず泣き寝入りする他なかった。まァ余程、騙し易い買い主だと見られたのであろうか、それとも一瞬の違いで隣の人には誤って安値売りしてしまったのか、はっきりしない。又どちらの値段が正当であったのか、双方の買い主の知る由もないことでもあった。

高値で掴んだ者が騙された者であり、安値で掴んだ者がエラク得した者であったのかは、判然としないまま、双方とも家を建てた。Uさんは泣きっ面に蜂というか、家を建てさせた建設会社にも騙されて、高額の工事費と気に入らない出来の悪い建物を掴まされてしまった。ドジがドジを呼ぶというか、金銭《かね》は騙されないと使えないというか、ケッタイな話《こと》が当たってしまって、やがて年月が経っていくことになった。

そして爆発的な土地ブームがやってきてUさんの土地は誰もが、もう手を付けられない程の値段に跳ね上がった。凡そ相場の二倍近くで掴まされた疑いのある土地は、そんな初期の買値は無料《ただ》同然になり、家の建設費なども地価と比較すれば、無きに等しいぐらいになってしまっていた。エライ世の中になった。

結果的に売った者が敗者になり、買った者が勝者になってしまった。立場は大逆転して〈騙された〉のは、どちらか全く分からなくなっていたのだ。いずれにしても金銭は〝化け物〟であった。正に狐と狸の化かし合いじゃあるまいが、広葉樹（木）の枯れ葉が黄金の大判小判に化けたオトギ話になってしまった。

その反面、細《ささ》やかな話として、キュウリの値段のことを話そう。ある八百屋で五本百円で売っていた。近くのスーパーと比べると三本百円で売っていたので、八百屋は大変安い。店を通り掛かった主婦が「ありゃア、えらい安いわねェ」と、既にスーパーで買ってしまったことを後悔していた。

ところで八百屋の仕入れ値は一本五円だったので、五本だと二十五円でパック代ほか五円を合わせても三十円である。三倍以上の値段で売っている。暴利かというと、そうではない。生鮮食料品店は色々あって、それぐらいで売らないと最終的に採算が取れないからだ。スーパーも人件費や宣伝費などを勘案すると、適切な値段になっている。しかし何となく腑に落ちないのが、生産者が余りにも可哀想過ぎることだ。流通業者がエエ目をしているのである。消費者にとって僅かな金銭とはいえ、これもやっぱり、金銭を使うことは騙されてしか使えない類《たぐい》に入るのだろう。

さて、こんな話を耳にする。定年退職者の余生を、家庭菜園でもやって過ごそうと考える人がいた。件《くだん》の八百屋が言う「借地代なしでやっても、農機具代、種代、苗代、肥料代、ガソリン代、水代は疎《おろ》か、汚れた作業着の洗濯代つまり石鹸代も出ない」と。全くやる気の殺《そ》がれる話になってしまう。何も採算面だけでやろうと言っている訳でもないのに、すぐお金のことが持ち出される。とかくこの世はセチ辛い。

名前に騙されるな！ ついつい有名な人が書いている本だから買ったとか、有名な画家の絵だから手に入れたとか、有名な人が何かを作ったから安心して買ったとか、有名な会社だから一切何も調べずに製品を購入したとか、有名なハウス・メーカーだから家やビルを造らせたとか、ごまんとある。これが誤りだった実例を、もし言えと言われれば、いくらでも言える。しかし建物の場合は、クライアント（施主）の不安を煽るようなことは言えまい。その人が壊してしまって更地にし、立て替えるなり、そのままその土地を売り払ってしまうなり、しない限りは、だ。これらも騙されて金銭を使った事例だろう。

只そんなものにでも無事に住み終え利用し終えたならば、知らぬが仏というように、一巻の終わりにすることが出来る。余り良いことではないが、世間にはよくあることだ。

ちょっと話の角度を変えてみよう。金銭《かね》だけでなく人間《ひと》の値打ちなんて何だ？ 物の値打ちなんて何なのだ？ そもそも値打ちなんて何だろう？

何でも値打ち、値打ちといって、人は何らかの価値を、価値の全くない物にまで追い求め、それを金銭《かね》に置き換えてみたり、何かと比較してみたりする。果てはその結果を見届けたがる。

株などは毎日毎日が上下して、ちっとも落ち着かないでいる。なのに人は必死に値打ちを追い求め、利を追い続ける。買っても儲け、売っても儲ける。逆に買っても損をし、売っても損をする。そんなものに何の世間の道理も科学的根拠も通じないのに、経済的道理だけが、さもあるように人や世を欺き通し騙し続ける。

これこそが騙されて使う金銭の代表格であろう。但し金融市場たる役割を持つ証券業界のことを言っているのではない。異常に株に群がる人々と、空売り空買いに舞い散る空札束の単純明快な情景《すがた》のことであって、他意はない。身に覚えのある人は、たくさんいるはずだ。ただ、資産の分散化や、楽しみのためにやっている人もいるので、良いか悪いかの話ではなく、そこは相場の恐ろしさ故に程々がよろしいということなのだ。

その他に書画骨董などもある。金《きん》への投資など、小豆相場、米相場、その他の穀物相場などにも、何なく金銭の煙らしいものが立ち込めるのは、いかんともし難い。原油だって、他の資源も含めて、多くの投機資金が流れ込む。結局、そのつけが民衆《ひとびと》の上に伸《の》し掛かることとなる。

大雑把《おおざっぱ》に言って、我々の必要欠くべからざる日常生活の根幹は、誰かさんの経済活動によって、左右される。そこに騙したの、騙されたのという、金銭上の問題《こと》が含まれているのは、何となく気分の悪い話でもある。

いろいろな法律を作って、規制しても、規制しても、新たな手口が出てくるのは、ワル人間が抜け道、抜穴を見つけるからであって、それを真っ当な経済活動と称して良いのかどうかは大いなる疑問が湧く所である。改めて金銭とは何ぞや？　を問い直さねばなるまい。

金銭《かね》の威《い》を、虎の威を借る狐のように、振りかざす人がいる。殊に政界のボスには多い。人の頬ッぺたを札束でひっぱたくような者たちである。それをカネと数の力だと豪語する。群がる子分たちは〝我等のボスは魅力ある人、実力者つまり政治力ある人だ〟と言い切る。

よくよく見てみると、なるほど、盆暮《ぼんくれ》に氷代や餅代さえもバラ蒔かぬボスでは、人は付いていかないし、付いていっても数は極めて少ない。金銭《かね》は金力《きんりょく》であり、魅力《みりょく》でもある。人は金銭のない者や魅力のない者、権力のない者などには擦り寄らない、相手にしないという風潮がある。

しかし、金銭が馬に喰わす程たっぷりある金持ちでも、無いに等しいぐらいの吝嗇《りんしょく》家《か》（けち、しみったれ）がいる。いや、本当の金持ちは殆どが、そうであると思っても間違いがない。それでなきゃ金持ちにはなれないし、何時までも金持ちで居続けられないのである。

貧乏すぼっこ（貧乏人ほど気前が良いの意）というように、金銭のない人の方が金銭離れにキレイといわれる。そりゃァ、元々無ければ、キレイもキタナイもありゃァしない、無い者の強みがある。何故ならば、あれば減っていくし、やがて無くなっていくという現実と恐怖心が存在するが、何も無ければ何も存在しない。

金持ちが貧乏人と同じことをしたのでは、この世の中に金持ちがいなくなる。

ある小大名の末裔は、こんなことを言った。

「徳川家は現在も昔も変わらない。権力の座にないというだけが、変わっただけだ。家の財を失うような、他人の甘言に乗ってことを始めたりはしない。金持ち、何もせずを貫いてきた。我が家も同じである」

正に金言である。真の金持ちは、じっとしているもので、それが金持ちで居続けられる理由なのだと。

えッ？　人は皆、平等に相続税が掛かってきて三代と持たないと聞くが、どうして、そんな金銭《かね》やその他に財産が遺せて、何代も続けられるのか、ですって？……？？？それはお答え出来ません。何ッ!?　知らないからか？　……？？？　それもお答え出来ないのです。それは、ムニャムニャです。そんなウマイ手があるのなら、オレにも教えろ！　ってですか？　そんなものは、いくらお金を貰っても教える訳にはいきますまい。

もし金持ちがこの世から消えてしまうと、一体どうなるのか、人は考えたことがあるのだろうか？　それは由々しきことでもある。貧乏人と言っちゃ少し語弊があるが、お許しを乞うて言わせて貰うと、この世がすべて貧乏人で埋め尽くされたとしたら、貧乏文化だけが残ることになる。それで構わぬ、というならば言えるが、文化遺産といって、貧乏文化と相容れない文化がある。それが築けない。築けなければ、人間の価値は只のそこらの動物の価値になってしまう。

国が築けば良いではないか？　それでも良いが、国など当てになりません。何時、潰れるかも分かりません。また真の文化と縁遠いものしか築けないかもしれません。

金持ちも貧乏人も国も共に栄えていくのが、よりよき文化なのです。比率で言えば、10％ぐらいの金持ちが、この世の中には必要なのです。ですから、貧乏人だって潤えるはずなのです。金持ちの余波があるからです。

中国の政策も、「白い猫でも黒い猫でもよい、よーくネズミを捕るのがよい猫だ」と言った、〝トウショウヘイ〟という人の言葉で、改革開放を進められたのです。そして世界第二の経済大国になったのです。

アメリカも共和党の政策の金持ち優遇税が、そこにあるのです。対立する民主党は違うスタンスを取っていますが、根幹は金持ちをなくそうとするものではありません。これらのことは、貧乏だけでは貧乏を呼び、金持ちだけでは少数の金持ちしか呼べないことになるからです。まァ、両極端に偏ることなく、上手にバランスの取れた世の中でありたい、そう願わざるを得ない今日この頃です。

貧乏といってもピンからキリまであるので、程良い貧乏、出来れば中産階級層の充実が必要です。頭は金持ち、尾っぽは貧乏、胴体は中産階級が理想です。金銭《かね》は、そのために存在するのです。今の我が国は格差社会を作ってしまって、何だか両極、それも貧乏人に多くシフトしてしまって、年金生活者を除いた人々の僅か20％ぐらいしか中産階級は存在していない。リッチマンなど、殆どいない。やがては総スカンピンにならなければよいが……。どうする？　妙案はあるのだろうか？

さて、こんなことを言っては、どうだろうか？　かなりの総スカンを食らうことになるが。止そうかなァ、言おうかなァ、大いに悩むところである。それは日本が自国だけのことを考えると、到底言えないことであるが……。ズバリ、白黒猫の話があったお隣の中国との結び付きにある。

中国は私有地を持てない国である。その所有欲に駆られる人達に取って、我が国はよき餌食になる。中国の10分の1が、我が国の人口である。我が国と同じぐらいの数の人達が、私有地を欲しがったとしたならば、我が国は忽ち、昔の土地神話に逆戻りをすることになる。中国が私有地政策を取らない限り、近くて遠い国であっても、日本の土地は涎《よだれ》が流れる程、欲しがるはずである。余り詳しく申し上げられませんが、ビジネスは本国で、住居は日本でということにもなればのことです。

但しあくまで仮定の話《こと》で、通勤航空券（パス）が必要になる。我が国の人口問題も直ちに解決します。色々なインフラの整備など等を経て、再び蘇る国として、世界に君臨することが出来るのです。そこに元首相が唱えたような『東アジア共同体』が必要になります。これは中国も我が国も警戒して、なかなか思うように進まないでしょう。先の大戦の爪跡も尾を引く。また国の体制の違い、中国は共産党一党支配、我が国は選挙による民主主義国であり、纏《まと》まらないだろう。それでも纏めなければ、それぞれの国が立ちゆかなくなって、初めて纏まることもあるので、悲観ばかりをしていられないのも事実です。

それぞれの国が不安や悩みを抱えている今日、一気に噴き出すことにもなり、歴史は一変する可能性も孕んでいるのです。世界の国のあり様《よう》も、関わってくるでしょう。国も、もはや一国だけでは、成り立たなくなってしまった。超大国のアメリカも一国だけでは、成り立たない。といっても、危険なならず者の国の更なる台頭があってもならない。難しい時代を迎えることになる。

当たるも本、当たらぬも本？

八卦と同じだねェ……。当たるも八卦、当たらぬも八卦、と言うじゃないか、まァ、確率が半々なので当然の表現と言えば言えるし、何だか可笑《おか》しい、何故、本に擦り替わるのか、と言うのだ？　篤《とく》と説明して貰いたい。

まず本とは、どういうものかを知らねばならぬ。この場合、書籍、書物のことである。何れも広辞苑では、本、書籍、図書となっている。古来、本は時の権力者によっても極めて重宝されてきた。我が国でも国会図書館は、市販されるすべての図書を定価の半額で買い上げ永久保存する。半額で買える、って？　それは法律で定められているからだ。ここでは図書館法で規定される一定の資格を有し図書の整理、保存、閲覧などに関する事務を担当する司書が管理をしている。

さて、本の内容は、どうなっているのか？　筆者が十二分に読者に、知らしめられるようになっているのか？　筆の立つ、立たないは別として、筆者の立ち位置は、どうなっているのか？　これは読者に対してでもあるが、筆者自身に対してでもあるし、国家や社会や近しい人に対してでもある。

ムツカシイことになる。書きたいことの半分しか書けないこともあるし、肝心なことをボヤかして書く、本とはそのようなものである。確かに言論の自由は、憲法で保障されているが、人の権利や人格を侵すようなものは書けない。極論すれば殆ど書けないのである。気を付ける、どれだけ気を付けても、推敲《すいこう》に推敲を重ねても不安は残る。

本とは恐らく10冊揃えても、調べ物をする人にとって調べたいことが中々見つからない、どこかの一冊の、どこかの一行に簡単にしか、触れられていないのを見つけただけで上出来である。そういう体験を何度もする。しかし本に頼って勉強をしたり、研究をしたりするならば、その繰り返しである。已むを得まい。本とは、そういうものなのだ。本は駄目だ、と言っているのではない。本で何もかも出来上がるのだったら、学校や塾はいらない。学校や塾は本には書けないことや書いていないこと、勉学のコツとか、ツボ（壷）を教える所で、当然、本とは役割を異《こと》にする。要は教科書という本と、イントロの同時進行させるのが学校であり塾である。

或る人が家を補修するのに、それなりの本を買い漁って、それと首っ引きで、やってみた。なかなか分かり難い。そこで教えを乞う、と我々の所へやってきた。何が分からなかったのかを問い直しながら、教えてみると、やっと分かったと言う。そんな教育機関があって、初めて〝学ぶ〟ことが出来るのだ。〝独学〟が成り立ち難いのは、非効率であり、何処が大切で何処をパスしても差し支えないか、が分からないからである。

又、文字つまり本を読んでみるのと、塗板に書いて教えられる、口や手振り、身振りで教えられる、手取り、足取りして教えられるのとは全然違うのである。又、教え手には、教え上手と教え下手とがいるので、上手な人に教えて貰わねばならない。稍《やや》もすると教える人は、自分だけがよく分かっている人が多い。勉強のよく出来た人程その傾向が強い。人が分からない所が分からないからだ。そんなことも分からんのか！と怒鳴る。かつ不思議がる。そこへ教え下手ときているから、もう教壇になんぞ立つな！　と、こちらが怒鳴りたくなる。更にタチの悪いのは、それを面白がって煙《ケム》に巻くのである。

本は、それに反して非常に静かだし、いらなくなったら古本屋に引き取ってもらえるが学校に支払う授業料や講義料は納めてしまえば、何も残らない。但し己の勉強次第で、一生、身に付くことにはなる。又、本は難解で読んでも、さっぱり分からないこともある。積んどく（つん読……ともいう）だけになる。本だけですべてを知ろうとするのは、厚かまし過ぎる。学校へ納める金額で、どれだけの本を買えるか、考えてみるとよい。山ほど買える。だから、本で済ませられるならば、そんな安上がりはない。そこが、そうでない所に、この世の中で学校を存続させているし、又、学歴が問われる由縁でもある。

本はいくら読んでも、学歴にならない。本歴か、読書歴か知らぬが、履歴書に書く訳にはいかぬ。独学を標榜《ひょうぼう》する人がいるが、それは正規のものに扱われる訳ではない。略歴ぐらいにしかならない。本当にやったのか、やらなかったかの証拠がいるのが、この世の中だ。それが○○学校卒業とか、△△学校中退とかの表記になる。

その本にも当たり外れがある。良いと思っても、不向きなものを買ってしまったり、物足りないものを買って、こんなものなら買うまでもなかったとか、色々あるが、実のところ、本に対して余りにも欲どしいことや、過剰な期待を持ち過ぎる人がいる。これは誤りである。何故ならば本が持つ本質は、的確にすべてを書き連ねている訳ではない。それが本の本たる所以である。

分かり難い？ってですか？　もっと、はっきり言え！　ってですか？

本は数が要る。何かを調べる時にだけ引っ張り出して、調べてみる。そして分かることがあれば、分かるのである。どんな僅かなことでも、本は役立つので、多くの本を持たねばならない。決して本代の元を取ろうとか、本代への投資効率を上げようとするのではなく、百科事典や全集物などは飾っておく位の気持ちで、何十万円《うん》しようとも買えばよい。えッ？　邪魔になる！　さっさと処分して、部屋をすっきりさせたい！　ってですか？　そりゃア、簡単、貴方が死ねば立所《たちどころ》に遺された方々の手で、リサイクル屋や屑屋に廃棄処分されますので、ご安心の程を……。

なんぞオモロイ話をしろ！

生徒ドモが騒ぐ。「雑談や、雑談！」と。ある私立工業高校の非常勤講師とやらをやっていた時のこと、正規の教科書通りのことをやっている最中だった。

『施工』といって、読んで字の如く〝工を施す〟という工事の方法を教える授業をしていた。じゃア、仕方なく、それに関連した話をしてみることにした。少しでも聞いて欲しいと思う、教師心であった。

諸君はゼネコン（建設会社）を請負《うけお》いと呼ぶのを知っているか？　これを間違えて、うけまけ（漢字……請負け）と呼ぶ人がいる。いや、わざとなのでもある。

何故なのか？　また、請勝《うけが》ちという言葉が、あるか否かだ。

クライアント（施主）から工事を頼まれて請け負うことになる。が、請けて負けることにもなる、誰にか？　クライアントにである。何故じゃア？　損をさせられるから、請けて（引き受けて）負けることになる。工事代金を最後まで支払って貰えないからでもある。ゼネコンはクライアントと比べて極めて弱い立場である、ということだ。だから請負けであって、請勝ち等というものは無い。勿論、言葉や用語としても無い。最後まで支払って貰えないのは、どうしてだ？　建物の瑕疵《かし》（欠点）を理由にしての場合が多い。建設業法は、そのことを禁じているが、多くの場合、双方が知らない。

公的機関の建設工事紛争審査会にかけて、解決する方法が最も近道として利用される。悪徳クライアントもいるが、悪徳ゼネコンもいる。両者が存在するところに、更には簡易裁判所、普通裁判所がある。ええィ、面倒臭い！　と短慮の人は、マル暴に頼る。これは違法であるし、金が回収されても、双方の何れの側にも殆ど戻って来ない。下手をすれば何時までも揺すられることになる。そんなものと隣合わせになってはならない。

ざっとこんな話をした。オモロかったか？　と聞いてみたが、ピューピルは白けていた。オモロイ筈がない、と言わんばかりだ。今度は180度、方針を変えて話すことにした。この学校は甲子園にでも出場出来るぐらい、野球熱心だったので、プロ野球の話をすることにした。巨人軍の川上一塁手が2000本安打を達成した偉業を称えてみた。再び白けた。成程、これは関西向きの話題ではなかった、すぐ気付いてよした。

読書、殊にマンガ本などを話題にすれば良かったかも知れないが、ティチャーはその方面に、とっても疎かった。じゃア、自由時間に切り替えて、ピューピルの中からオモロイ話の出来る者にさせることにした。しかし、誰も手を挙げない。ティチャーは報酬を貰ってやっている、自分達は授業料まで納めてきている、だからそんな主客転倒なことをしたくない、とでも言いたそうな雰囲気だった。そうこうするうちに時間が経ち、授業は終わった。ヤレヤレと思ったのはティチャーばかりではない。ピューピルもだった。

そして暗澹《あんたん》とした。これから先のことを考えると、オモロイ授業の構築を如何にすべきか、その合間に入れる雑談を如何にすべきか、実にティチャーは難しい。退《や》めようとも思った。当時としては建築ブームとやらで、教師不足でもあった。同時に建築技術者不足でもあった。育てなければ解消しない。大いに悩むところであった。

今、思えば懐かしい時代であった。その工業高校は普通高校に変身してしまった。国民の多くが大学進学する時代になってしまっていたからだ。学校経営も時代に合わせて、転身していかなければ潰れてしまう。今は医療系や介護系のコースが持て囃されている。その学校の設立趣旨でなかったものが、お構いなく移ろうていく様は、正に時代を映し取っている。何時の間に違う学校になってしまったのか、訳の分からないうちに、OBやOGは漂う。ちゃっかりと寄付金だけは募集して、なかなか応じない場合はしつこく督促してくる。最低でもせねばなるまいが、そんな寄付が何時までも続かぬように、オモロイ話だって何時までも続かぬ。

『住まいの実技講座』で30年以上、講師として喋ってきた。生徒だなどといっても、年上もいれば年下もいる。同年配も、極端にいえば高校時代の同級生もやってきていた。社会人ばかりだ。静かに聴いて貰えるし、反応もよい。時々、間違ったことを言うと、指摘される。オモロイ話を要求されることもなく、かといって、オモロクなければ、忽《たちま》ち退めていく。退められると運営上困るので、そこは一生懸命にそうならないように頑張る。

生きた話が必要だし、また、話ばかりではなく、スライドなども見せる。設計監理中の現場などにも連れていく。実習も山荘造りで、泊まりがけで行くので一杯呑める楽しみもあり、四方山話に花が咲く。

また、役立つことも身に付けてもらわなければならない。技能である。技能は実際のところ一朝一夕に、ものにはならない。そりゃア、本職の大工や左官は相当な年月をかけて一人前になるのに、例え本職並みにはいかなくとも、真似事でもそれなりの期間は掛かるのである。理論と技能の両方を教える難しい教室運営であった。これは飽くまでもアマチュア部門の教室のことであって、別にプロを目指す人の社会人教育も行ってきた。プロになっても生涯勉強は続く。教える側も教えられる側もだ。際限なく続くのが、技術の世界でもある。

安易に〝一丁上がり〟と出来上がるようなものは何もない。この世界の技能にしても技術にしても複雑で奥深いし、無数の人が携わっている。その人達の目に適うようになるのに、最大の時間が掛かり、血の滲むような努力が必要となる。大概、中途で放り出すことになり、ものになる人は僅かであるが、アマチュアの場合はそこまで行かなくともよい。余生の趣味が広がるだけでも嬉しいことだ。それで良いのだ……。

離合集散、世の習い

人は人を分かり合えない、そこが難しい。何故か？　但し、真底、究極のところで、である。そこに離合集散があり、それが日常化するのが世の習いと言われる所以である。

親子兄弟とて同じだ。一番身近であり、オギャァー以来のお付き合いであっても、親子兄弟とはいえ、実のところ、本当に分かり合っているのか、どうか、疑問である。ましてや、肉親でない者同士とか、夫婦などの異性間とかになると、もっと分かり難いのは当然の理である。それが離合集散するのも、当然と言えば当然だし、何故か？　と言えば何故か？　なのである。医者なども患者の病因が分かるのは半々ぐらいだと言われている。半分近くも分かれば上出来の上と言わねばなるまい。

人が人を分かり合えるのは遥かに少ない。表面的なことなら殆どの人が人を分かるのであるが、ずーっと長くお付き合いし得るかどうかで分かり合えるのは、又、別問題である。『信なくば立たず』という。何かバックボーンとして、しっかりしたものを持たねばならない。一方だけが持っても駄目で、双方が持たねばなるまい。そこも難しいのである。

包容力とか、寛大寛容とか、人物の大きさが大きければ大きい程、多くの人を魅了してやまない。ならばそういう人の周辺では、離合集散は起こらないかも知れない。だが八方美人であって、底の浅いものであれば、すぐメッキが剥がれてお終いになる。過ぎたるは猶及ばざるが如し、といって何でも程々にしておくのが〝賢者の途《みち》〟と心得るならば、別段、人が他人のことなど分からなくたって構わないし、無難に無難に付き合っていけばよい。その言動に〝付かず離れず〟ということがある。距離を置くことによって生まれる英知でもあろう。そんな悠長なことを言っておれない、利害の緊密な人間関係がある。そこが最も壊れ易く、最も離合集散が起き、お互いがお互いを分かり合えない所でもある。もし、分かり合えば意外に簡単に済むこともあるのに、だ。

しかし、人は必ず擦れ違う。少し時間を待つ、時節が来て齢を取ればなんとなく分かり合えるようになる、その時間や時期、齢も過ごした上でのことは非常に厄介である。なんとなれば、そのような〝ゆとり〟が人生には無い、ましてや40歳ぐらいまでは〝焦り〟が付き纏う。過ぎてしまえば悔いも残るが、過去形にもなって終うのである。つまり、過去とは、悔いさえ伴わずば最高の解消解決策である。

悔いは〝死児の齢《よわい》〟といって、幾ら数えても無駄であると言われるように、幾ら悔いても戻って来ないものである。淡白に忘れることが必要だが、さりとて将来に悔いを再び残すことのないように生きるための反省材料として、必要欠くべからざるものでもある。

人との関わりに失敗した人は人で、一切の人との関わりを拒否して生きようとする。そこに老いたる孤独が始まり、独居の孤独死が生まれる。人が人を分かり合える途を探る必要がある。処世術ではなく、心底からお付き合いの出来る人間関係を築く必要があるのである。一体それは何なのだろう?

お互いの高い教養が求められる。学歴なんぞではない。読書家だけでもない。意識する見識でもあるが、自分で自分を認めるような見識は見識ではない。それは独りよがりの愚か者なのである。教養は一朝一夕で身に付くものではない。見識は磨き上げてこそ、見識である。積み上げざる者、磨かざる者にそのようなものは無い。日々、その連日でなければならない。

寄って集まれば一杯呑むこととか、詰まらぬ女色のこととか、人と人との噂とか、ワイワイがやがや言っている連中に明日はない、が、それしか用が無いと言い切る輩《やから》がいる。○○会とか△△会とかをやる中に、酒肴《しゅこう》のことになる、それが目当てにしか人は集まらないという、呑んだり食ったり……大昔から続いてきた風習とはいえ、情けなくなる。

それが人と人との潤滑油だと言う。じゃァそれで人と人とが分かり合えると言うのならば、酒が取り持つ御利益でもある。酒は神棚に供えて手を合わせる神聖なものだ。思えば人にとって余りにも都合が良い。都合の良すぎるものと言わざるを得ない。神頼みならず、御神酒《おみき》頼りとはねェ……？

良過ぎも悪過ぎも困る？

まずは地盤である。地表スレスレ迄が岩盤であった。その硬いこと、硬いこと。普通の機械、掘削機では掘れない。削岩機が必要だった。更には水道管や排水管なども、鏨《たがね》で溝掘りして布設したのである。大変、苦労した。硬過ぎる地盤は困りものであり、程良く硬い地盤が一番良いのである。

逆に軟らか過ぎても困る。不等沈下で床高分が沈下して、1階の床面が地面スレスレになったりすることもある。これは困りものである。地盤とて余りにも硬かったり軟らかかったりでは困るので、程々が良いということになる。表題の通りである。

木材についても言える。ある材木屋が、南洋材のアピトンを使ってプレハブ住宅の開発をした。アピトンは樹脂の缶詰めとまで言われるほど、ビッシリと樹脂が詰まっている。それが硬くて容易に釘も入らない。それを購入して建てた人は、2度と再びその木で家を建てるのは嫌だと言い張った。
その木は建具屋や家具屋にも敬遠され、殆ど使い途がない、安価で手に入る、かつ、堅木で腐りにくいので〝お得《とく》〟であると、彼《か》の材木屋〝お薦め品〟であった。まァ、床貼り材としては適切かも知れないし、割合、使われているが、家の主材や補助材では、何かの拍子に衝撃を受けると、真っ二つにポキッと折れる。繊維が短くて、連続して長く通っていないからである。

又、加工し易い軟木（針葉樹）を多用するのも、諾《うべ》なるかなである。しかし、軟らか過ぎる杉などは、造作材や補助材には使えても、構造材には使えない。敢えて使う人もいるが、余程、しっかり成長したもので、よく目の詰まったものに限る。

硬木（広葉樹）は硬いので、建築では床材や巾木、開口部の枠などに使われる。良いものは建具屋や家具屋に優先的に引き取られる。

残った材は、余り良くないので、暴れたり捻ったりする。〝硬過ぎても軟らか過ぎても成らず〟が建築用材でもある。

何も贅沢を言っているのではない。世の中は〝向き〟〝不向き〟があることを言っている迄である。ピタリと合う〝向き〟に出合えないのもこの世の常である。

えッ!?　人間は英知の動物である。そこを科学技術で補え！　ってですか？

ボイルしてアピトンの樹脂分を取り除くのも大変だし、そんなことをすると、材質は更に弱くなってしまう。何とか工場で加工補強して使えるようにしようとしても、それらに要する費用は、内地産材のヒノキの値段よりも、ずっと高く付いて、誰も買い手も使い手も失くなってしまう。無駄なことに科学技術は使えない……ご理解を乞う。つまり建築用材は採算との競争なのだ。

建築用地なども、良過ぎる地盤も悪過ぎる地盤も、金食い虫である。木材も硬過ぎるものも、軟らか過ぎるものも使えない。その他、石材の利用なども同様で、天然石は予算面もさることながら、色調合わせの問題、重量や施工難易度などの理由で建築の世界では使われなくなりつつあり、特別の場合を除いては絶無になるかもしれない。

天然石の捨て難い重量感、質感は、一体どこへ行くのだろうか？　行き先を心配する今日この頃でもある。

迷い過ぎると当たり外れ？

似たもの夫婦なんて、上手《うま》いことをいう。家造りに際しても、夫婦のどちらかが迷い始めると、やがて、どちらも同じ様に迷う。〝ああでもない、こうでもない〟と、弄《いじ》くり回して、挙句の果てが元通りにして欲しい、と言い出す。

ところが既にメーカーへの発注が終わっているので、その製作費用を誰が金銭補償するのかに問題が移り、更に次のものの製作にも日数が必要になってきて混乱を大きくする。施工者が在庫として引き取ることになっても、それが次に引き取り手があるのかどうかも、分からないので迷惑な話である。殊に規格外のものは、引き取り手が限られてくるので困るのである。

ある家造りのケースだった。足を伸ばして入りたい、ということで、欧米人向きの長いバスタブを付けることにしたが、このタイプの浴槽では、張った湯が微温《ぬる》くなっても、温め直す追い焚きが出来ないのである。取付け直前になって、それが理由で使用中止になった。仮にそんなバスタブを引き取っても、次にどなたかの引き取り手があるかどうかは分からない。むしろ絶無に近い。永久在庫となる確率が高いのだ。

アーキテクトも一度、そのような経験をすると、次には必ずクライアントに念には念を入れてから、製品選定を慎重にする。浴槽の湯量は1人用、2人用等々で決まっているので、バスタブは手足が伸ばせる分、長手は大きいが、溜める湯の深さは30センチメートルと浅い。それ以上深くすると、人が沈んで溺れる危険性がある。深くなる場合は浴槽を小さくして安全性に繋げる。湯量は同じでも形状によって安全性に差がある。

欧米ではバスタブの中で身体を洗うので、バスタブの中の湯など、一人一人が使うだけで、すぐにも排水してしまう不用のもの扱いである。日本人のように先入《さきはい》りの人も後入《あとはい》りの人も、どっぷりと同じ湯の中に浸かって寛ぐという風習はない。バスタブは欧米人愛用のものであって、我が国では外国人客の来るホテルに使われることはあっても、マイホームに使われることは殆どない。バスタブの正しい使い方を知っていたら、追い焚き云々は問題外だったはずである。

件《くだん》の家はセカンドハウスであったので、アーキテクトは何気なく設計に入れてしまったのであった。しかし、クライアントは日本人であったので、やはりクレームがついたのも無理からぬことであったと、追い焚き機能付きの浴槽に入れ替えたのである。その後、このバスタブの行方は、施工業者に処理方を頼んだので、どうなったのかは分からずじまいである。しかし、迷惑をかけたことには違いはない。

アーキテクトは何を基準にメーカー品を選ぶかと言えば、ユニットバスやシステムキッチン、照明器具、衛生器具などは、市場占有率が50%以上を占めている場合では、そのメーカーのものを選ぶことが多い。何故ならば、それだけ売り上げていれば、メーカー側は改良をしたり、進化させたり、研究開発費も十分注ぎ込んで、更に良いものを作れるからである。短絡的発想かも知れないが、数多くの家の設計管理を手掛けてきて、その実績があってこそ言える話である。

たしか、システムキッチンのことだった。あるクライアントがいろいろなメーカーの展示場を見て回って、デザインや色調が良かったので採用したい、と言ってきた。

アーキテクトは前述の基準で最適と思われる製品を決めていたが、敢えて言うので、已むなく設計図を差し替えた。現場へ下ろし、メーカーに発注されてしまった後に、改めてクライアントがアーキテクトに、「元通りのメーカーのものにして欲しい」と言ってきた。そこで「もう駄目です。メーカーは作ってしまっていますので今更、中止出来ません」と言って諦めさせた。

クライアントの変更理由は、「アーキテクトの選定したものと、自身の選定したものを、じっくり比較をしてみて、機能が違うことに気付いた。デザインや色調ばかりに気を取られていたので……」とのことだった。アーキテクトにしても、クライアントの選定したものを徹底的に調べていなかったから、責任の一端はあるが、数多くのメーカーのすべてを知り尽くせないのが現実である。だから、そのような時は市場占有率の50％以上のものを選ぶという基準を説明している。

照明器具にも同じことが起こったことがある。予算の都合で一部を他メーカーに変更した。すると、建物が出来上がって、照明器具の不具合を言ってきた。

蛍光灯にチカチカ（僅少の点滅）が時々起こるとのこと、アーキテクトが選んでいた元通りのメーカーにしておけば良かったのに……と。

そんなことは〝ごまん〟とある。クライアント夫妻が迷いに迷っているうちに、現場は進んでいき、アーキテクトの選定した製品に戻そうとしても、手遅れになってしまうのである。そして大きな当たり外れが生じてくる場合も出てくる。迷い過ぎは、昔から言われるように、〝過ぎたるは及ばざるが如し〟と、同じことになりかねない。〝餅は餅屋〟というように、アーキテクトに任せた方がヨロシイのでは？　と思いますが……。

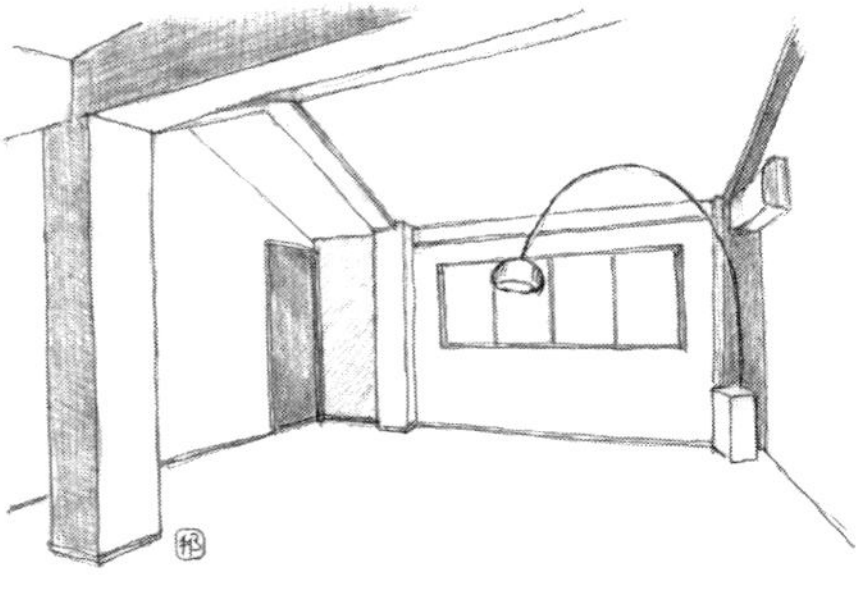

「邦江のつぶやき《ツイッター》」

老眼鏡

重一の手書きの図面はとてもきれいだ。A1サイズ（1200×800ミリ）の用紙に図と文字がバランスよく配置されていて、商業用の図面なのに美的要素を感じさせる。

とくに矩形図（かなばかり図……建物の断面を詳しく書いた図面）が美しい。ディテールの表現も見事だが、余白には文字型版を使って、細かい説明文字がびっしり書き込まれているので、初心者にはお手本になる図面でもある。

1枚を書きあげるのに数日はかかるので、食事の時間をのぞいて1日中ドラフターに向かって書き続ける。そのうち目の調子が悪くなった。42歳の頃だった。目が悪くなれば図面が書けなくなる……と、慌てて眼医者に行った。検査をしても目に特別な病気はないと言われ、「疲れ目でしょう」とアリナミンを出してくれた。調子は改善されなかったが長い間アリナミンを服用していた。

そんなある時、知人が「めがね屋」に行くと言うので興味半分について行った。店主が勧めてくれたメガネを「まだ早いのに」と思いながらかけてみたらびっくりしたそうだ。物がはっきり見えてまさに「目からウロコ」だったのである。すぐ老眼鏡を作ってもらった。

いつの間にか目は老眼になっていたのだった。それにしても眼医者も意地が悪い。一言老眼鏡を勧めてくれたらよかったのに……。老いを認めたくない心理につけこまれた、と苦笑をしていた。

そのいきさつを経験していたので、私は早々と老眼鏡を作り、目のトラブルを避けることができた。

現在、作図など設計業務はキャドで行われるので手作りの図面は見られない。古い設計図を見ながら、私達の時代はすべて手づくりで、ずいぶん細かい作業をしてきたものだと感慨深い。

人は何ぞや？

もう80年も人間をやっている。飽きたかって？　飽きるより疲れたねェ。人間とは何ぞや？　幾ら考えても良い答えの決め手が見つからない。只、生まれてきたので已むなく生きているのだ、という人がいる。何故、生まれたのか？　とまで突き止めなければならなくなる。ある人は簡単にいう、人は生まれるべくして生まれたのだ、と。

成程、それで片付いてしまうのならば、何もそれ以上考える必要はないし、後はどのように生きるかを考えれば良いだけなのだ。それにしても人の生きざまは色々あるねェ。具体的像として、どのような職業に就き、どれだけの収入があり、家族構成や果てはどれだけの家に住んでいるのか、財産の多寡《たか》や家柄の有りや否や、学歴とか職歴とか、親や先祖のこと等々だろう。

もっとあるョ、一番肝心なことが。男か女か、容姿や背の高低、目には見えない心根の良し悪し、人柄の善さ悪さ、五体満足か、どうか等だろう。まァ、更には如何なる天分を持って生まれたか迄、数えれば切りがないぐらいである。そうそう、たいへん肝心なことを忘れていた。

人は生まれた瞬間から、死と隣り合わせにある。オギャーの0歳、即、死もある。10歳の死、20歳（成人）の死、働き盛りの人生半ばの死、60歳（還暦）の死、70歳（古希）の死、80歳（傘寿《さんじゅ》）の死、90歳（卆寿）の死、99歳（白寿）の死、１００歳の超々の死があり、何も金銭《かね》だけが蓄財ではなく、齢を重ねる長寿の蓄財もある。

昔から言われている、20歳（はたち）60歳（ろくじゅう）は死《し》に時《どき》と。20歳は世帯を持つ直前で身軽《みがる》である。60歳は子育ても終わって、親としての責任を果たした後で身軽である。この節目に死ぬのは正に身軽であって、これからという人にとっては良い等とはいえぬが、最悪の時は辛うじて避けられていると言うことなのだ。が、親は20歳などの若さで我が子が死んだとなると、その悲しさは何にたとえようもない位、痛ましい。

又、60歳は年金の恩恵に与《あず》かる以前であり、夫婦にとっても余生の夢を打ち砕かれる。遺された子供たちも新世帯を持って、猶、親の存在が必要とされるのに、死んでしまっては妻子は勿論のこと、当の本人も無念の涙を流すことになる。人生90年時代を迎えている今日この頃では、三分の二の人生しか生きられなかったことになる。早過ぎる死といわれる。何もノンベンダラリと生きるのが良いとはいわぬが、誰しもが余生を楽しみにして働き、生きてきたのである。世帯主の重責を担い、セチ辛い世の中で、家族のためにイヤイヤ働いてきた、余生こそ充実した生き甲斐のある時を過ごしたい、と夢見てきたのに、早々とこの世に別れを告げることを望む者は居るまい。

我が国では近年、余りにもそのような年代の自殺者が多い。更には若年層へと拡がっている。これは社会が持つ病巣であって、個々人を責める訳にはいかぬ。誰の責任かといえば、社会を病巣から歪みなく守っていく責務は、政治や行政にもあるし、各々の教育機関や企業人にもある。勿論、本人や家庭内にもある。

人間とは弱い者である、それを置き去りにして物事を考えるのは大きな誤りである。又、それに甘え過ぎる人間を作ってもならない。そこに難しい舵取りがある。

酒に溺れるのも、そこにあるし、酒に呑まれるのも、そこにある。分からぬ訳ではないが、さりとて、酒との付き合いをどうしたら良いか、昔のアメリカは〝禁酒法〟を実施していた。それだけで解決が出来なかったので、やめてしまった。

人は身体と心を持っている。その両面から治していくことが大切であって、彼の国では、医師と牧師の両立てで治療をしている。政治と行政も両立てで、ことに当たっている。我が国では牧師の役割は殆ど無に等しい。臨床心理士なる者がいるが、それも十二分に担い切れないでいる。彼の国は90％の人が神を信じる国という。我が国は神あり、仏あり、何でも揃っているようだが、無宗教国に近い。良いとか悪いとかは言っていないが、心の方にもっともっと重点を移していかないと、社会の病巣には対応出来ないということだろう。

そのようなものがなくったって、人間は人としての誇り《プライド》さえ持っていれば、健全なる身体と相俟って生きていけるのだ、と仰るが、独りよがりの誇りは、やがて化けの皮が剥がれてしまって、脆くも崩れ去るのが世の習いだ。

人は字の如く、支え合って生きている。誰かを支え、誰かに支えられて何とか生きているのが実態である。それを忘れてはならない。どんなに生きても100％の人生経験は出来ないし、経験不足の人は喋っても舌足らずで、迫力不足で幼稚さが目立つ。

近頃の与党政府の新米大臣も、うっかり目を離すと、有らぬ所でボロを露見させている。辞めろ、辞めろの大合唱が巻き起こって、辞めさせられる羽目となる。老練な大臣は喋って良いことと、悪いことを瞬時に嗅ぎ分けてしまう能力を持っている。伊達に齢を取っている訳ではないのだ。

さりとて人間は所詮、人間である。もし人間の後ろ字の「間」を抜き取ると、只の人《ひと》になってしまう。それで〝間抜け〟になる。間抜けといえば方々で見かける。

政界、官界、学界、教育界、スポーツ界などに至るまで、各界で間抜けは存在する。まァ、スポーツ等は監督が間抜けでは選手が可哀想である。段々やる気を失う。勝てた試合も負けになる。観客も大声で騒ぎ出す。試合は観せるためか、勝つためか、いずれにしても観ておれない程ひどい無様《ぶざま》なものを、大金を取って大負けの負けをやっている。テレビならば直ちにスイッチを切って消せば済むが、競技場へ出掛けてまで観ている人が気の毒でならない。負けるにしても、もう一寸ましな負け方があるだろう、と思う。それがショーであればある程、大切なのだ。

人の一生も同じことだ。余り、みっともない生きざまや死にざまを晒《さら》したくないものだ。人は希望とか、夢とか、未来に向かって持ち続けなければ、生ける屍《しかばね》である。齢など関係ない。何時までも何時までも生きている限り、明日に向かって進むだけだ。

そのための糧《かて》は、勿論のこと必要である。どれだけ若くとも、きちんと心掛けて、普段から用意をしておくことだ。人は、すぐ齢を取る。あッと、いう間だ。

ざっと、人とは何ぞや？　を問うてみたが、生まれた後学《あとまな》び舎《や》を巣立つ、就職と結婚をして家庭を築き子育てをする、終えては余生を全うする、この三つの節目と期間があるのが人間だろう。


「えッ？　そんなもんは、犬にも猫にもある、って!?」

「そりゃァ、あるかも知れないけれど、人間とは生きる期間も違うし、人は言葉や文字も使える、両手だって使える、二本足で歩いたり走ったり出来るのに、なんで人と比べられるのか、もし人と比べりゃァ頭脳《おつむ》だって無いに等しい動物じゃないか」

「それでも犬には犬権《けんけん》、猫には猫権《びょうけん》がある。生きとし生けるものとして、同じだ」

「犬や猫は一ペットに過ぎないけれど、家族の一員だとも言う。大昔から切っても切り離せない関係がある。特段の説明をする必要もないが狩猟犬や牧羊犬、警察犬や災害救助犬、麻薬密輸捜索犬などだ」


番犬や盲導犬は、もっと身近にいる。人間なんて犬にも劣る奴がいる、との罵詈雑言《ばりぞうごん》が聞こえる。そんなことを言っていいのか悪いのか、よくは分からないが、言う人がいるのは確かだ。人権侵害も甚だしい。又、犬権も侵害している。忠犬ハチ公など銅像にもなって、公園の一等地に鎮座まします。そこらの人間とは比べようもない。

だから「人間、にんげん、ニンゲン」と偉そうには言えまい。どうやら、そんなことも言ってはならないのかも知れない。実に厄介《げ》なのは人間だ。だからこそ人なのかも知れない。喋る口を持っているのが最大の特徴かも知れない。そして〝口は禍の元〟なのでもある。

無口が男であり、お喋りが女であるともされる。これも男女差別で言ってはならないのかも知れない。が、賢い女は無口でもある、とされる。とかく喋ることが、これ程、難しいのに、人はよくまァ、喋ること喋ること、馬鹿ほどよく喋る、そして禍を齎《もたら》す。


「えッ、動物、いや動く物や者は、すべからず喋るんだ、何が悪いのか？　ってですか？」

「機械である筈のロボットさえも喋っている」

「でも虫は喋りません、鳥は囀《さえず》り啼くだけです」

親鳥が雛鳥を呼ぶ、雛鳥が親鳥を探す等、お互いに鳴き合って、所在の確認をしている。虫、鳥、獣など、終局的には声を発するのです。

「それも人と比べるのは、些《ち》とお門違いじゃありませんかねェ。無数の言葉や文字で、複雑怪奇な所まで意思を伝達出来るのは、人を措いて他にありません。まァ、でも仰るような人を要約すると、ド喋りをする、大酒を呑む、間抜けである等、ちっとも良いことは、ここまで無かったじゃありませんか？　どうしてくれるんですか？」

「人は良いところを称えられると増長して、とんでもない誤ちを起こすのです。だから人の良い所など当てにならないし、当てにしてもならないのです。そこのところを余りはっきり言うと、差し障りが出てきますが、原子力がそうですねェ。軍事力に使っても、平和的に使っても、大変ヤッカイなものです。それ以上は申し上げますまい。たくさんの人が、その原子力に頼って生きているからです」

「そりア、世の中には１００％の良いこと尽くし等、ありゃアしませんよねェ。良いことの反面、悪いことも付き纏うのです。どんなものも半々と思えば間違いないのです。建物に使う建材なども、長短相半ばするのです。長所尽くめのものもないし、短所尽くめのものもない。それぞれが何らかの短所を抱えたものを、何かで補い巧みに使うだけのことです」

何かの本などは、100％良いこと尽くめの家がありそうに書いているが、又、家のこと以外でも同じことが言える。100％これだ！という謳い文句は、眉唾である。そんなものは、この世にはない。それこそが人間の傲《おご》りである。

人間の傲りといえば、ごまんとある。乱開発などで、生物の絶滅危惧種が年々歳々増えている。放置出来ないところまできている。これも人間の所産といえる。飢餓は天候などの自然現象に負うところが大きいが、それにも人災が係わっている。地球温暖化現象だ。何しろ、昔と比べれば一万倍の速さで起きている。それをどう捉えて、どう考えるかは、今の人間には出来そうにない。恐ろしいことだ。改めて問い直そう。

人は何ぞや？ である。虫のことを害虫といって嫌う者がいる。じゃア、人も害人といわれて嫌われても良いのかも知れない。それは誰にじゃア！ 人間以外のありとあらゆるものにだろう。有機質、無機質を問わず、森羅万象にか!? 同じ人でも、そんなことに一切係わっていない人もいるのだゾ！ 何処《いずこ》にか？ そりゃア、今でも原始共同体社会を続けている人ならば、そうだろうが、もはや殆どいるまい。何らかの文明と係わって生きるようになってしまっている。生きている人は自然人というが、今は人工人になってしまっている。そして人には自然人と法人があるという定説を、人工人と違法人に置き換えねばならない。何ともやり切れない。

「何故、法人が違法人になるのか？　ですって？　乱開発も地球温暖化も地球にとって違法なことばかりをしているのに、一向に改めようとしないじゃありませんか」

違法人と呼ばれても仕方ありますまい。何しろ人について言えば言う程、書けば書く程、良いことなど一つもない、悪いことばかりである。殊に人の上に立つ人程、目立つのは何故だろう？　目立ちたがり屋さんだからだろうか、それとも、私利私欲に走る人達だからだろうか、よくは分からないが、そのような人が人の代表では困る……のである。

そして反面、衆なる凡人は楽ちんなことばかりを追っかける。この世はそのような人間が99・99％だと思えば間違いない。

「えッ!?　そんな筈はない！　世界一勤勉家とか、無類の努力家とか、兎小屋での働き中毒とか、果ては倹約貯蓄虫とまでいわれ、とかく日本人は全身全霊で頑張る民族として世界に冠たる国ではなかったのか！」

「えッ!?　それは四半世紀前の日本人で、今の日本の日本人ではない、ってですか？」

いやいや、本当は昔々から両方ともあったのです。只、楽ちんの方が多かったと言うだけです。

どれぐらいの割合でか？

「まア、99・99％かなア」

そりゃア、一体、なアーんなのだ!?

「邦江のつぶやき《ツイッター》」

三者が笑う家づくり？

著名な建築家の講演会で聞いた話。「三者が笑う家づくりでなければならない」と力説された。

三者とは①施主（クライアント）②設計者③工事業者のこと。

①施主は期待どおりの家を取得できてほほ笑む。②設計者は思いどおりの設計ができて、必要かつ納得できる報酬も受け取り満足感にほほ笑む。③工事業者は良き施主と設計者の出会いに感謝し、十分利益の出る工事費を受領できてほほ笑む……といったような内容だった。

私を含めて並の建築士達にとっては、溜息のでるような話。「ひと握りの著名な建築家ならいざ知らず、理想だよねえ」としらけた気分で聞くことになった。

重一に話したら「とんでもない。それどころか三者が泣く家づくりだ」と持論をぶちあげた。

①施主は資金不足に泣く。②設計者は予算の範囲で四苦八苦、報酬も少なく骨折り損に泣く。③工事業者は設計者から「もっと安くやってくれないか」と責められて、赤字工事に泣く。つまり三者三様に苦しむのである。

街の建築士は、このような過酷な条件下で仕事をしているのが実状、「三者が笑う家づくり」は夢のまた夢である。

もっとも唯一の救いは、施主が「少ない予算にもかかわらず、良い家を建ててくれた」と喜んでくれた時だ。報酬が少なかったことも、工事業者への代金を値切った罪悪感も吹っ飛ぶのである。

第3章

失われた20年のはてに

貧富論

人それぞれに付き纏《まと》うものが、貧富である。この貧富は〝貧〟と〝富〟を別々にいうのと、〝貧富〟を同時にいうのとは、一体どう違うのかも、一つの問題である。別々にいうと、貧など、〝貧すりゃ鈍《どん》する〟（故事ことわざ事典より）といって、貧乏になると生活苦のためにあくせくして、利口な人でさえ愚鈍になるということである。

富は、〝富《とみ》は屋《おく》を潤《うるお》し徳は身を潤す〟（広辞苑より）〔大学〕財を積めば家は栄え、徳を積めば身が尊くなる、である。貧富は、広辞苑では、『貧しいことと富んでいること。貧者と富者。』ということだ。どちらにも属さない人は、中産とか中間とかの呼称がつく。貧だからといって、貧者の一灯、ということがある。富に対しては全くといっていい程、持てる人に対しては、善いことが書かれたり、言われたりしていない。極論すれば〝悪口〟ばかりだ。

只、〝人の口には戸が立てられぬ〟といわれるように、何をいわれても仕方あるまい。人にとって貧は『ウエルカム』ではない。しかし、貧は人に『ハングリースピリット』を植え付け、そこからいろいろな〝善いこと〟が生まれるので、悪いことばかりではないが、余りの悲劇的なものは避けて通りたい。

又、防ぐのが人間の人間たる人間性でなければならない。人は自助努力が必要であるが、弱者救済、援助、援護の精神を忘れてはならない。富める者は特にである。貧者は経済的な面だけでなく、心身の病《やまい》もある。

そりゃァ、それは貧富にかかわりなくあるので、貧富双方の一灯が欲しい所である。

ブータンはGDP（国内総生産）ではなく、GNH（国民総幸福）を35年前から掲げ、世界ナンバーワンの国であるといわれている。貧富は金銭《かね》だけで測るのではなく、いろいろなもので測るべきである。健康面、精神面、家族の支え、家族の無事安全などを第一の順位にせねばなるまい。金銭の有り無しはその後で十分である。善良な市民たることも重要だ。その他の諸々のことを測って、数値を決定してこそ、何が貧で何が富かを決めることが出来るのだ、と思わねばならない。

貧富は人だけに付き纏うものではなく、社会といわれるものにも付き纏う。この貧富の貧は人々の心を荒《すさ》ませ、有らぬ変革を呼び起こすことになる。社会全体に及ばないように気を付けて、格差の撲滅に努めねばならない。それを怠ったばかりに、エジプトやリビア、その他の中東国家では揺らぎに揺らいでいる。

人や社会や国が持つ病巣が貧富の格差となる。それが何故生まれ、何故大きくなっていくのか、格差を究明していくことが大切であり、政治に正しく反映されなければならない。

２０１１年9月14日付けの新聞に米国の貧民層が、ざっと15％おり、４人家族で年収が１７５万円だと報じられていた。世界第一番の経済大国である米国においてすら、これだけ〝プアー層〟は存在する。驚きである。これは２０１０年の数字で、過去最多の４６１８万人に上る、とのことだ。

翻《ひるがえ》って我が国も、貧困率は最高で16％である（厚労省調査２０１１年7月13日新聞掲載、２０１０年の調査による）。余り、よい話ではないので、もう、これ以上は書かないが、気になる人は政府機関に問い合わせをして貰いたい。

これが世界第三番目の経済大国である我が国の実態である。国民の預貯金は、既《すで》に国と地方の債務によって、実質的に食い潰されている。形式上、債券のような形で残っているだけだ。〝ちゃんとある〟というのは、紙切れの上でのことであって、更なる国債の発行を企んでいる以上、紙切れの役目さえしなくなってしまうだろう。待ったなしである。

何も知らない人、って？

パスカルが言った。『人間は考える葦《あし》である』、以下、広辞苑より。無限な宇宙に比すれば、人間とその理性は無に等しいが、「考える葦」として偉大であり、人間のこの自己矛盾を救うものはキリスト教であると説いた。今日では実存主義の先駆と見なされている。

彼のような偉大な人を理解するのは、凡人の我々には難しいが、まァ、哲学者であり科学者であったことを思うと、文系と理系に跨《また》って色々な思索をして、生きてきた人のように見える。この文系だが、文は広辞苑によると、武に対して、学問・学芸・文学・芸術などをいう、と書かれている。理系は簡単にいうと、サイエンスだろう。文系とは正反対のもののように見られ勝ちだが、パスカルのように跨って、ものを見ていくという平衡感覚が正しいように思う。

理系の人間が、理系の大学を出て、生涯、理系の仕事をする、それ以外のことは〝何も知らない〟としたならば、見方によって「あの人は片端《かたわ》だ」という。片端は広辞苑によると、①不完全なこと。欠陥。（後は略す）とある。又〝何も知らない〟といっても、幼少の頃から大学を卒えるまで、相当量の文系のことを勉強するし、実社会へ出てから〝仕事をする〟間も、世の中のことに晒され、又、親子、兄弟、姉妹、親戚、師弟、上司部下、先輩後輩、友人知人等々にも揉まれるので、〝何も知らない〟ことはない。が、その〝何も知らない〟ことが現実にはあり、それが割り合い多いのである。

一体、〝何を知らない〟のか？　であるが、それが何故〝何も知らない〟ことになるのか？　でもある。たとえば世の中の〝厳しさ〟とか、男女の間の〝機微とか、世間の〝常識〟とか、人との〝付き合い方〟とか、〝物の言い方〟とか、色々とある。

誰でも知っていることや、知らない人がいないぐらいに行き渡っていることなどは、どうなるのか？　それさえ知らない人がいるのか？　も問題だ。

理系の人に多いというのも、一つの事実だし、又、文系にも学問ばかりをやってきた人とか……。職業をいえば差し障るので言えないが、たった一つのことだけを一生懸命やってきた人や、〝井の中の蛙《かわず》大海を知らず〟の人などが該当するようだ。三大非常識職業なんていうものも世の中にある。これも社会通念のことを得手《えて》としない人達のことだろう。

収入の多い人ほど多い、又、酷《ひど》いとも言われる。余り下積時代のない人が、それに当たるとも言われている。かなりな修業を経なければ、一人前になれない専門分野の人なのに、一体それはどうしたことなのだろうか？　エリート職業といわれるものか？　それとも、温室育ちの社会があってのことか？　親の跡を継いだ二世以降の人のことか？　たくさんいるようには見えないが、しかし、隠れ〝何も知らない人〟が、あちこちで見受けられるのは、どうしてだろうか？

戦前に生まれ育った者と、戦後に生まれ育った者の違いなのだろうか？　何しろ、戦前は気候さえも〝寒々〟として厳しかった。戦後は何もかも〝温々《ぬくぬく》〟と育ったものが多い。そうだとすると、由々しきことだ。これからの日本の行く末は、極めて厳しいものと考えざるを得ない。

大企業は温室育ちの従業員ばかりだと、酷評する人がいる。その従事者数は仕事に従事する人全体の20％に過ぎないが、中小企業の〝さまよえる働き手〟たちも、厳しさに堪えられない人が多い。戦後の日本社会は一変してしまっている。如何にして、寒空に堪え、酷暑を凌ぎ、猛々《たけだけ》しく生きていけるかを問われる世の中がやってきた。いや、やってきてしまったと言うべきか、年々歳々、生活保護者が増え続けている、その現状をどう見るか？

誰の責任なのか？　行政が手助けするのにも、限界に近付いている。〝何も知らない人〟とか、〝何も出来ない人〟とか、〝生きる意欲を失くした人〟とか、〝無い〟〝無い〟尽くしの社会が生まれようとしている。〝金銭《かね》が無い〟〝物資《もの》が無い〟のはまだしも先に言った〝無い〟〝無い〟尽くしは、最もタチが悪いのである。〝働く場所が無い〟などはもっての外であって、人材資源の最大のムダをしていると言わねばならない。

東京オリンピックや大阪万博の頃、あれ程、人手不足だったのに、何故、現在のようなことになるのか？　失われた20年は、余りにも人的犠牲の大きい年月だった。それだけは避けねばならなかった。大学も理系離れが進む。文系も厳しい。理系を出て大企業に入っても、その能力を十分に生かせることなく、怪しげな営業とか、企画とかの分野に回されることが多い。訳の分からぬうちに齢を取り、やがて中高年の自主退社の肩叩きが始まる。

そして、寒空や酷暑が待ち受ける巷に放り出される。大学なぞ、ましてや理系なぞ、行くのじゃなかった、と悔やまれる。そこにも理系離れが起こっている。そりゃア、企業にも言い分はあるだろう、〝何も知らない人〟には世間を見て来い……と放り出すのかもしれない。いい齢をして、寒風や酷暑の世間の中の荒波に揉まれたって、もう、そんなものは身に付かない、風邪を引くだけ、熱中症に罹るだけである。理系一筋で〝何も知らない人〟で一生を終わった方が、マシかも知れない……。

『日本化』は世界に蔓延か？

『日本化』という言葉が世界に拡がり始めている。褒められた話ではない。むしろ貶《おと》されている話だ。失われた20年といわれ、殆ど経済成長のないまま過ごしてきたことの話であって、長い、ながーぁい昔から続いている話だ。20年といえば、10年一昔《ひとむかし》だと、二昔《ふたむかし》になる。策はなかった訳ではない。あったのだ。やりもした。しかし効かなかっただけで、無策の末の話ではなかった。何故、効かなかったのか？

もはや、人は買うものが、なくなりつつあった、そして、なくなったにもかかわらず、〝売らんかなァ〟ばかりが充ち満ちて、転換に歯車を切り返さねばならないのに、何時までも進めようとした、いや、進めるべきだとしてきたことに、大きな誤りがあったのである。そこへ、売れが鈍いので値下げ合戦をした。そのデフレが取り除けないまま、どかっと居座ってしまって、日本は動かぬ国となり、『日本化』してしまったのだ。『ド日本』になった。何故『ド』を付けるのか？　ってですか？

念入りの阿保《あほ》は『ド阿保』というじゃありませんか。念入りに二昔も動かぬ国になってしまったならば、『ド』をつけられても仕方あるまい。それを愛国心から怒り心頭に発するという、お人が居られますのならば、どうぞ、『ド』抜きの国に拵《こしら》え直して下さい。

どうすりゃ、『ド』抜きの国になるのかのハウツウが、具体的つまり各論として必要なのだ。先ほど総論として申し上げましたが、各論が最も大切であり、まだ〝成長なくして再建なし〟と官僚からの請け売りを政治家は叫びます。成長とは経済のこと、再建とは国や地方の財政のこと。又、景気の〝良し悪し〟によってしか、増税は不可と。

しかし全く動きません。社会保障制度も行き詰まった。なのに新たに子供手当制度を作った。コンクリートも行き詰まったのに、再びダムを造ろうとする。不具合を直せず、更なる不具合を作る、何故、そんな動かぬことだらけを、動かすことが出来るのだろうか？

一度、それらのものを、すべてご破算にしてしまう……そして、尚、国がやっていけるのか、国民が生きていけるのかどうかを正しく検証する。誰が？　外《よそ》の国や人がやる。外圧しか日本は動くまい、何時もそうだった。外圧でも良い、動かさないと大変だ！　その切迫感さえないままに、今も安穏としている。

国民性なのか、それとも政治や行政も失われてしまって、人がいないせいなのか、それもありそうだし、余りにもダラシない。それが国民の若年層にも沁み込んできている。以心伝心のように。継続性は大切だ。それを、ないがしろにした元首相は、普天間基地問題でズッ転けたのである。唯、旧政権のものをすべてそのままに継承しては、政権交代の民意に背く。が、相手があった、アメリカだった、基地問題は継続性の必要なものだった。

ダムはどうか？　これは知事とか大臣とかの決められることではない。専門性が必要だ。専門家の中でも意見が割れる。専門家の更なる上部組織が必要になる。簡裁、地裁、高裁、最高裁があるように、地方行政組織など、国の出先機関たる地方整備局など、国の行政機関など、国会の委員会などの四段階が存在するのに、ちっとも機能していない、七不思議である。

ちゃんと機能しているのならば、中止も続行もヘッタクレもない筈である。こうして見ると、日本は動かざるべくして、動かないのである。そんな国家は外にあるのだろうか？　動脈硬化になってしまったのだ。如何なる治療があるというのだろうか？追い打ちをかけたのが、２０１１年3月11日の〝東日本大震災〟である。

更には台風12号の災害当たり年になってしまった。弱り目に祟目《たたりめ》とは、このことをいう。一つの大災害は、もう一つの災害を呼ぶ。そんなものばかりがやってくるのなら、別のものもやってきても良い筈だ、ミラクル……奇蹟である。奇蹟の到来で救われる、世界的な出来事があっても、と淡い期待を持つぐらいしか、ないのであろうか？

昔から人は、新しい年に希望を託してきた。昔は改元をしたり、祈祷をしたり、遂には大仕事の遷都をしたりした。昔の方が国そのものが動いていた。日の本の国であったのかも知れない。

が、今も何も無い訳ではない。無いのは金銭《かね》であり、歳入である。歳入も簡単に出来ないので、無《な》い無《な》いである。遷都も口先では、ある。口先は全部、揃っている。財源も口先では色々ある。政治家皆が、てんでバラバラの発言をしている。世論調査も政策の手助けをしているのではなく、何となく邪魔をしている。衆愚である。

愚政、愚民が圧力となって、『日本化』が更に進行していく。いや、世論調査をやっているところは、それらの準主役になっている。調査項目以外の回答があっても、僅かの回答の中に閉じ込めて、さも、それが世論調査の結果だと騒ぎ立てる。そして手を叩いて喜んでいる。そして、どんどん『日本化』していく。

それが世界中に蔓延していく。アメリカのずーっと続く超低金利政策や需要不足、国民の預貯金性向などである。住宅の需要傾向も似通ってきており、中々上向かない。米マスコミは、それらの『日本化』を批判して、『日本化』は〝駄目の烙印〟の代表的言《げん》質《ち》になっている。にもかかわらず円はドルに対しても、ユーロに対しても、どんどん高騰している。お隣の韓国のウォンに対してもである。政府も財界も困り果てている。

それも『日本化』現象なのか？　不都合なものは世界に伝染しないのか？　あらゆる不都合なものばかりの中で……それだけが〝ノー〟と出るのは、一体どういうことなのか？

消去法での上でのことだ、ということだが？　日本は〝泣き面に蜂〟である。これまでの日本は、それこそ『アメリカ化』してきた積もりが、逆にアメリカが『日本化』する等、笑うに笑えない話になって、二十一世紀を迎えた。これから、どうなるのだろうか、アメリカはどうする？　日本はどうする？　……？？？

諺というか、教訓というか、商人の心得を、言い伝えてきた言葉がある。

〝開店当時を忘れるな〟

客と商人との関係、つまり開店当時は、初めての客が多い。将来ともリピーターとして来てもらえるよう、サービスの限りを尽くして、良いものを安く売るよう心がけたものである。それを忘れてはならない。

国の三大宝〔国土、人工、歴史〕を生かし切れ

我が国が、太平洋戦争に敗れて、終戦を迎えた時、国土は焦土と化し、多くの人が外地から引き揚げてきて、本土で暮らすようになる。人びとは食うや食わず、意気消沈していた。残された国土四つの島で、多くの人が飯を食わねばならなかった。が、持ち前の勤勉さ、働くことも学ぶことも、倹約貯蓄などの良き習慣が、長らく培ってきた国民性の中に、歴史として蓄積されていた。国土に比べて多すぎる人口を持つ、資源も何も

ない国が、その国民性で、戦火による廃墟の中から、世界第二の経済大国にのしあがったのである。

現在はどうだろう。

終戦後の暗から明へと再興したのに、失われた二十年とか言って、明から暗へと向かってしまった。

国土の荒廃……農地は米の減反政策で雑草ぼうぼう、工場は海外へ移転して廃屋、人口の少子高齢化……若年層に至るまで失業がはびこり、人口のいびつさが目立つ。

歴史も変わり、人は働きたくとも働けず、働ける人も働かず、学びたくとも学べず、学べる人も学ばず、倹約貯蓄も国や地方の借金1000兆円に食い潰されている。

世界にはびこる貧困は、この国にも間違いなく、じわじわと押し寄せている。

その貧困の原因は、国土、人口、歴史を十分に生かしきれていないことである。

国と国同士が、いくら戦争をしても、問題の解決にならない。むしろ、貧困を拡げるだけだ。人命の軽視にもつながる。

誰か、キリスト様のような人が出てきて、この三つの宝を生かし切るよう、戦争ではなく、人道の上に立って指導してほしい。

日本国と日本国民に、餞《はなむけ》の言葉を贈ります。

〝終戦当時を忘れるな〟

「邦江のつぶやき《ツイッター》」
数十年先をみる＆半歩先を見る

重一と話していると、途中で内容が噛み合わなくなることがよくある。現実のことを話しているのに、いつの間にかはるか先のことをあたかも現実のように話すからだ。私は「現実の問題が解決できていないのに、未来のことを話すのは早すぎでしょう！」と、時には腹立たしい気持ちになる。

しかし50数年を共に過ごしてきて、多くの事柄が重一の予測したとおりになったのを実感している。

高度経済成長時代、日本は好況に沸き売り手市場だった。小さな建築事務所の経営者であった重一は、人操りに困り果てていた。ようやく一人前に育てた所員が、好条件の引き抜きによって事務所を辞めていく。他の所員たちも、給料の値上げを度々訴えてくるなどで頭を抱えていた。

そんな時にも「世の中がおかしい。こんな時代が長続きするはずがない。実力を身につけた者しか生きていけない時代が必ずくる」と先を見越して自身も奮起していた。そしてその時に備えるべく、人育てに投資するようになった。所員には技術を教え込み、身内の若者には進学をして勉強をするように勧めた。「勉強をして身に付けたものはどんな時代がきても失わない」というのが信条だったからである。

やがて重一の予測どおり「失われた20年」が到来した。

その間重一は、徹夜も厭わず働き続けたし、私も大学で建築を学び戦力になるべく勉強をして、建築士になった。すでに社会人になっていた私の3歳違いの弟にも、転職の相談を受けたのを機に「技術を身につけよ」と大学の建築科への進学を勧めた。弟は卒業後、中堅の建設会社に入社して定年まで勤めあげた。

同じころ中学生だった私の末弟にも「東大にいきたければ灘高に入れ」と、我が家に下宿させて灘高へ進学をさせた。大学は東大ではなかったが、彼も建築を専攻した。卒業時の就職選びのとき、アトリエ事務所への就職を希望していたのを断念させて、もう一つの選択肢だった大手損保会社への就職を勧めたのである。すでに高度経済成長は終わっていたので建築設計業界の斜陽を見越しての見解だった。弟は管理職となり、大型プロジェクトの査定を任されるなど充実したサラリーマンライフを全うした。

　どうなるか分からないことでも数十年先のことを考えて決めることが多かった。事務所を建てる土地を選ぶときも子供の教育のためにと文教地区を選んで探した。まだ生まれていないのに子供には「建築は波が荒くて難しいから継がせない。医師にする」と決めていた。そして二人の子供を医学部に進学させた。

　未来に思いを馳せて生きる重一は、普通人の私にとっては大きなプレッシャーだった。そこへたどり着くための方策を考えて、実行していかなければならない役目を背負わなければならなかったからだ。私は現実を見ながら一歩一歩地を踏みしめるタイプで、未来への展望は歩んだ結果たどり着くものと思っている。だから重一の思いは分かっているものの、「それはそれ、私はやれる範囲でベストを尽くすだけ」と、自分流のやり方で試行錯誤をしながらついてきたように思う。そして「半歩先を見て歩む」ことに徹した。

「一歩先は早過ぎ、半歩先を見るのが大切」とは、あるアクセサリー会社の社長から聞いた言葉であった。流行の激しいアクセサリー業界で売れる商品を創るには、流行を見極めるのが難しい、その指標が「半歩先を見る」なのだそうだ。私自身も思い当たる節が多いので、以後指標にさせて頂いているのである。

振り返ってみると、重一の思いはかなりの確率で達成されたので、私のやり方も間違いではなかったと思っている。

重一の予測には、バブルの崩壊など良くないことの方が多かったかもしれない。「徳を積んでいない」と重一が名指ししていた多くの企業が倒産したし、身近な事象でも重一の予測が当たり、事故や病気で短命に終わった人もいたので、気味悪く思ったこともある。多分、物事の本質にこだわって妥協を許さない性格が、鋭い直感能力を生み出しているのだろう。

「急がば回れ」を地でいく姿勢は、その時には理解をされず誤解を招くこともあったが、「結果オーライ」の実績を見ると、私だけでなく重一を知る多くの人達も、大いに納得できるのではないだろうか。

働く＝端楽、油に浮かぶ稼ぎ

これは飽くまでも我が国、日の本の国の話である。人生90年時代を迎えるに当たって、人は一体どれぐらいの期間を働いて、どれぐらい働かない期間があるのか、凡そ二分の一ぐらいは働くように思われる。つまり45年間ぐらい、働くことになる。まァ、学生時代のアルバイトや、定年退職後のパートなども入れてのことだが。要約すると人生の約半分を働くのであるが、〝働く〟ということは、どんなことなのか？　を改めて考えてみよう。

昔ある人が言ったことは、働く、はたらく、端楽《はたらく》、つまり自分以外の人、端《はた》が楽《らく》をするという意で、自分は働いて、端《はた》の人はその恩恵で働かず、楽《らく》をする、詰まらぬ莫迦な役回りだ……と。それが働く《はたら》＝端楽《はたらく》ことであると。汗水垂らして働くのは、身を削ってその対価を手にすることであって、昔から諺で〝力は一人《いちにん》を養い知恵は万人《ばんにん》を養う〟と言われたように、働《はたら》くのは前者の〝力は一人を養う〟に相当する行為だといわれる。そして人を働かせる総元締《そうもとじめ》が〝知恵は万人を養う〟といわれる人で、正に人を働かせて端楽《はたらく》する人に相当するのである。

かくして、人は働きが〝良い〟とか〝悪い〟とか言って、収入の多寡《たか》を大問題にする。その収入といわれるものも、現代社会では多様化している。収入が多いのは『金は幾らあっても邪魔にならぬ』の譬えのように大歓迎されるが、少ないのは『働きが悪い』と侮蔑され敬遠される。

収入には働いて得る収入と、働かないで得る収入とがある。前者はサラリーマンが代表格で、後者は年金生活者が代表になる。前者には自営者や会社経営者、著述業やタレントなど、又、後者には家賃収入、そのほか株の売買益や配当収入などもあり、多種無数の収入源が存在するのも事実だ。前者の収入も後者の収入も、世の中は平等ではない。しかし、それを平等にしろ！　とデモが起こる。それは格差社会が進む程に肥大化する。やがて、大きな政変にも達するようになる。気を付けねばならぬ。

働いて得る収入は労務収入といい、働かないで得る収入は不労収入というが、年金は働いていた時に掛金で準備したもので、果たして純粋の不労収入といえるかどうかである。しかしながら、現在のような掛金だけで賄いきれない時代になって、国民の税金が投入され始めると、不労収入といわざるを得ないであろう。前出の家賃収入や諸々のものとは全く性格の違う不労収入である。やがて支給年齢を更に、もっと更に遅らせたり、削減、再削減の対象になり社会問題化する。又、不均衡も問題化しており、税と社会保障の一体化問題の重要事項でもある。

労務収入は純粋収入ではない。働くという身を削る行為が伴う上に、靴底や服の裾などの〝ちびる〟という出費も伴う。それに比べて不労収入は純粋収入である。

「違うぞ！　家賃収入には固定資産税やメンテナンス、減価償却、金利など、又、地価の下落というリスク迄もが付く。年金だって〝減らされる〟というリスクが付く。オチオチしておれないぞ！」

わかりましたョ、分かりました。それらを差し引いた残りが、ということにします。

しかし、労務収入の身を削る、心身ともに疲れ果てることへの代償を考えると、もはや、この収入は収入と言えるか、どうか、言えまい。

「じゃア、収入でなければ、なんと言うのじゃア!?」

代償と言い換えます、つまり労務代償ですねェ、不労収入も不労所得と言い直します。

「じゃア、収入というのは何じゃア?」

収入とは可処分所得が月額100万円以上で、同じような働く時間の範囲内の人と比べてみて、2~3倍以上も多い人のことを言います。だから、労務や不労のつかない、ただの〝収入〟といってよいのです。

だから、あの人は〝収入の多い人〟と言い、別の人は〝稼ぎのない人〟と言って区別します。もう、ちょっと短い言い方にしましょう。〝多稼人《たかじん》〟〝寡稼人《かかじん》〟、どうです……いいじゃありませんか……もう、ちょっと短くせよ!ですか? じゃア、仕方ありません、〝多稼《たか》〟〝寡稼《かか》〟とします。まだ長いですか? じゃア、それでは〝多《た》〟〝寡《か》〟にします。今後はその表現で話を進めます。さて、この話は少し世界の方に目を向けてみましょう。

プロレタリア革命後のロシアでは『働かざる者、食うべからず』の政策が取られた。つまり不労所得がなくなって、人民すべからく総てが働くことを義務付けられた。資本主義は非とされたが、第二次世界大戦時ではソビエト連邦として、民主主義の連合国側に付いた。日本やドイツ、イタリアは枢軸国として、連合国と戦って敗れた。その後の世界は民主主義と共産主義の対立する凡そ二大主義時代を経て、共産主義は少数派へと転落した。しかし、大国である中国がその陣営に留まり、単なる国数でいう少数派であり、隠然たる勢力を保ったまま、今日に至っているのである。

唯、中国は『働く者も働かざる者も、いずれでもよい、豊かになれ』の政策を取っている。所得格差社会にもなってしまっている。〝多〟は多くはいない。しかし、〝寡〟を減らしていこうという政治路線を走っている。翻って我が国は、非正規社員、又は臨時雇用を増やして、〝寡〟の世の中を拵えていった。でなきゃ、企業は海外へドンドン逃げていって国内は蛻《もぬけ》の殻《から》になると、大騒ぎした上での政策だった。

海外受入先の大手は中国であった。外資大歓迎政策で、〝寡〟を減らす。我が国は、〝寡〟を増やす。日本の人々は終身雇用や高度経済成長神話、地価上昇一途の土地神話の上に〝あぐら〟をかいてしまっていた。国民の90％の人が、中産階級気分になっていた。つまり、プチブルジョア一色の社会形成となっていた。本当のところは、急激な社会変動に最も弱い階層である。僅か10％の富裕層と貧困層は根強く残るが、プチは大半が転落して行く。政治をする人は、そんなことさえも知らなかった。ニュープアーを創り出したのだ。

元々、中産階級に行き渡った経済成長のパイは、正直なところ、不労所得であったことに誰しも気付かなかった。経済成長の自然増という、不労の産物であって、真の成長パイではなかった、真の成長とは何なのか？　当然2～3％の成長による儲けが正当な儲けであるのに対して、思いがけない8～10％の成長による儲けになって、儲けのバブルが起こっていた。それを除外せず、みなに分け与えてしまった。

お隣の中国が近代化して、世界の工場になり始めると、今まで思いがけなく入ってきていた儲けのバブルが弾けることになる。元に戻っただけだ。そして、中産階級も弾けた。未《いま》だそんな理屈さえ知らない人がいる。そんな儲けのバブルのパイと関係のなかった人、つまり富裕層と貧困層の10％は残ったが、それがバブルだったと知らされた90％の人は大変な目に遭ったのだ。

大企業のサラリーマンとて同じだ。退職者の企業年金も、そのバブルを元に計算されて支給されていたが、削らざるを得なくなったのは当然の理である。現役のサラリーマン共々塗炭《とたん》の苦しみを味わうことになった。猫も杓子も横並び一線ではなくなり真に価値ある者には価値だけのパイが行き、価値なき者には行き渡らなくなっただけである。そこが大問題だった。

人は何でも目先の利のある方へ、利のある方へと流れる。それでは駄目なのであって、そんな利に目が眩むのではなく、しっかりとしたものを身に付け、如何なる社会の変動にも動じることのないようにせねばなるまい。備えねばなるまい。それしか持続的スタビリティー（安定）を保って生き延びる方法はない。

預金に殆ど利息らしい利息が付かなくなった。現金資産は殖えることなく、反面、インフレ率は抑えられて、現金の目減りも少なくなった。株などの資産は余りにもリスクが大きい。後は不動産の土地神話は崩れてしまった。何一つ満足な不労所得はなくなっている。そして労務代償は低くなり、お隣の中国の労務賃金の影響を受けて、下がる一方だ。それが当たり前と言えば言えるし、情けないと言えば言える。我が国で生活し、人並に生きていくには、現在のような労務代償では、やっていけない。衣食住の衣は中国のお蔭で確かに安い、食は国産品依存では高過ぎる、中々口に入らない、住は絶望的である。

さらに教育費の高いこと、高いこと、呆れる、光熱費、交通費などの公共費用やガソリン税他すべての租税の高止まりまで考えると、日本で暮らすのと中国で暮らすのとは天地の違いである。多少、工業製品や物の安さはあっても、生活必需品はすべて高いのである。安い物はあっても、何もかも高いもののように感じるぐらい、財布の中のお札は忽《たちま》ち消えていくのである。どうすれば、この国で豊かに生きていけるのか、一考を要する。

少子高齢化がお手本である、では困る。子育て出費ゼロにして、少しでも楽に暮らしたい等、人としての任務を全うしない発想では国の未来はない。〝多〟の人だけが子育てをしても、僅かな数である。〝寡〟の人の手助けがなければ、国も持つまい。子供手当の発想も、そこから出たのだろう。コンクリートから人への発想も同じであろう。唯、やりたくとも金銭がないのでヤンピでは済まない。取りやすい所から取る、といった消費税大増税の発想も、中々進まない。どこかから税金が降って湧いてくる話があれば別だが、残されたものは環境税とか、人と犬との歩行税とか、果ては長寿税で生きれば生きる程、高い税を課すとか、なんでも税にする他なかろう。ならば、せめて少子高齢化の高齢化の部分だけでも解決するであろう。

国も歳入が足りない〝寡〟の国になっている。その国民も収入の足りない〝寡〟の国民では、お互いに傷を舐め合っていても、傷は深まる一方だ。双方ともどうすれば、〝多〟の国や国民になれるのか、国は税だけに頼らず、貿易収支の黒字の割り合いに応じて、使える額を設けて歳入に繰り入れる、国民の預貯金の割り合いに応じて、貨幣の発行を増やしていき、歳入に繰り入れるなど、必要な措置を講ずべきである。その前提として、歳出のムダ及び節減は徹底すべきである。

国民は昔の日本の国民に戻り、質実剛健を旨として、昼夜の別なくよく働き、いや、これは端楽の働きではなく、自働（みずからはたらく）の働きでなければならない、よく倹約貯蓄し、使わぬことが金儲けであるぐらいの心根を持たねばなるまい。高度経済成長期の〝温々《ぬくぬく》〟が抜けない限り、国も国民も立ち上がることは出来まい。その覚悟がない政治家はすべて表舞台から消えねばなるまい。国民たる選挙民も、その覚悟で誰にも甘えることなく困難に堪え、立ち向かわなければなるまい。

国も国民も真水の歳入と収入が必要だ。それで十分やっていける方策を立てねばならない。円高なんて、本当は結構なことなのだ。色々な資源や資材を安く得られるので、みんなの足腰を強くすることが出来るのだ。なのに売らんかなァの輸出面ばかりに、何故、目が行くのだろう？　売る物だって、しっかり原価を押さえるべきであろう。そして輸入と輸出の両輪が揃ってこそ、初めて動くのだ。そんな初歩的なことを、もっともっと研究するべきである。短絡的に物事を捉えてしまっては、すべてが硬直化してしまう。良いことも悪いことも上手く組み合わせるべきであろう。

もし世界中のこれまで重宝してきた資源が涸渇するとしたら、それに依存して工業化社会を形成してきた国、殊に日本はどうなるのだろうか？　目先のことではないとしても、資源輸出国も輸入国も打《ぶ》っ潰れるのだろうか？　資源は有限であり、新たに再生可能資源のエネルギーに全面的に転換せねばなるまい。太陽光、風力、水力、地熱、微生物などがあるが、イマイチと言える。昔のような樹《き》木に依存するにしても、山林の再生も覚束《おぼつかな》無い。ましてや、そのようなものだけでは、実需では殆ど役に立たない。

しかし山林の再生は、最重要課題である。地球環境にとってである。世界を挙げて取り組まねばなるまい。農業だって今のように化学肥料や農薬に頼ってやっている以上は、純粋の再生可能第一次産業かどうか疑わしい。漁業だって不安定である。何もかも、原油《あぶら》に依存している。あぶら無くして人類の存在は無い、と言っても過言ではないぐらいになってしまっている。

国の歳入も国民の収入もすべてが、そのようなものが基幹となっていては、やがては原油の涸渇、即、国の滅亡、国民の飢餓絶滅に通じる。何時まで、そんなことが続けられるのか、時間の問題である。僅かな人が原始共同体とまでは言わぬが、生き延びるだけになる。それに備えて今から準備をして生き通せる人間に改造していくことだけが、唯一残されている途《みち》としたら、一体どうなるのかを人は考えたことがあるだろうか？

えッ⁉ 全く無い！ そうでしょう、まだドップリと〝あぶら〟の中に浸かっていますよねェ……。〝あぶら〟〝神様〟〝仏様〟ですよねェ……。国の歳入も我々の収入も、その〝あぶら〟の上に浮かんでいますが、油が無くなったら暮らしごと、すぐ全部が沈みます。皆様どうか呉々もご注意を！

「埒明かぬ」らちあかぬ……あかん

〝あかん〟は関西弁である。広辞苑でいうと、成就せぬ。だめだ。不可である。……となる。将来を展望する時や目先のことの結果を推し量る時など、溜め息と共に口から衝いて出る言葉であり、〝駄目だ〟の決定的瞬間にも吐き出される言葉でもある。又、あかん！　あかん！　と連発されて使われることも多い。

近頃の世相を見るにつけ、聞くにつけ、あちこちでしきりに聞く。これからは……もう、あかん！　とか、である。土地神話に踊った連中は「もう、あかん、これから50年間は土地は値上がりしない」とか言う。土地が〝あかん〟のではなく、己達の見通しが狂ったので、己達が〝あかん〟のであって、そのことを言わず、さも土地が〝あかん〟かの如く言う。土地など〝あく〟も〝あかん〟もない、何も考えておらんぞ！　己らが勝手にしたことで、土地の知ったことか！　と言っているぞ。

今の日本では、一部を除いたあらゆる業界が、〝あかん〟〝あかん〟と言っている。建設不況、不動産不況、出版不況、消費不況等々である。将来への悲観一色である。若者の三離れなるものがある。車離れ、海外旅行離れ、ビール離れである。そして今や進行形で、加速しているという。そして消費不足、即、不況の拍車に繋がる。〝あかん〟のである。

かつては車は若者の憧れの的であり、収入のなかった学生時代に乗りたかった車を、社会に出てから貯金をはたいて買う等、正に消費の代表選手であった。

海外旅行もそうだった。

まァ、ビールは割り合い簡単に呑めたが、大昔から値は高かったので何十年前も今も余り値段が変わらない。発泡酒や第三のビールが半値かそれ以下で出来て、むしろ呑み易くなったのに、何故そんなものまで離れていって、消費不況を起こすのだろうか？汗を掻いて働かなくなったせいか、それとも嗜好が変わったのか、ビール会社も対策に乗り出している。何につけても右肩上がりの時代を懐かしむように、それらの〝離れ業〟に汲々としている。困り果てている。〝あかん〟の連発である。酒屋、つまり小売店もディスカウントショップの台頭で方々《あちこち》で姿を消している。

今では全盛期の三分の一にまで減っている。残っているものも立ち呑みコーナーを設けて、細々と続ける等、涙ぐましい努力で生き延びている。かくしてセチ辛い世の中にもなっている。どんな商売も成り立たず、儲からず、寂れゆく街角など、開かずの商店街が増えている。あかん、あかんの声ばかり。昔は良いと言われた業種に人や物が群がり、店が増え続けたり、人が集まり片寄り過ぎている。まっこと不均衡な現象を生み出している。

それは今もなお改まらず、過疎は過疎のままであり、過剰は過剰のまま、喘いでいる始末だ。介護などの手不足の所は、仕事がキツく余りの給与安のため集まらず、集まるのは困り果てた人の群れだけである。これも図らずも生活保護費受給者の山を築く。あかんのである。地方行政機関も困り果てている。国も無策と言えば無策だし、已むを得ないと言えば已むを得ないし、なす術を失ってしまっている観である。一にも二にも三にも雇用、雇用、雇用と叫んだ元首相がいたが、当を得て成らずだった。当を得たものは当人の退陣だけだった。あ菅《かん》か!?

住環境を守る人々

住環境を守りたいと願う人にも、いろいろな人がいる。近隣住民対策会合に現れる人は、その地域の住民らしい発想が齎《もたら》されるのが常である。頤《おとがい》（悪口）を叩く人は言う。「この辺りの人間らしい」と。つまり、集う人達のレベルを指す。そこで新たに建てる物件の説明を為し終えるとやおら住民が口を開く。その開かれた口から出る言葉が、思っていることとまるで正反対のことがあるのだ。それが地域性と言えば言えるし、場所柄とも言える。

その〝善し〟〝悪し〟は別として、大凡《おおよそ》、世人は『建設反対』を打ち出す。反対しても結局のところ、建設されることは、とっくに見通していてもだ。そして、次には『建物の圧縮他』を求めてくる。最後は何《なん》らかの金品、つまり『近隣補償……』と『施工上の規則の厳格化』、朝〇〇時から夕〇〇時までしか工事をしない、日曜日は休日とする、遮音や遮塵、工事車両の出入り位置など細々としたことを突き付ける。飲めない条件が出されると、又もや会合のやり直しが行われる。

何《なん》だかんだと、やり取りした末、決裂して、裁判沙汰になったりすることもある。そんな事例は少なくない。クライアントもゼネコン側も、出来る限り、裁判だけは避けたいのであるが、近隣有力者の中に〝裁判大好き人間〟がいると、必ず裁判沙汰になると心得るべきである。裁判の行方は、どうなるのかは非常に難しいが、無理難題のゴリ押しをした側が負けるのが世の常だと思えばよい。程々にしておくのが賢者の知恵でもある。

あるクライアントが、「もっと広く大きく高いものを建てたい」と要望したが、経験豊富なアーキテクトやゼネコンは、それを抑えて「これくらいで」と窘《たしな》める側に回る。でなきゃ、裁判なんぞになったのでは、何時、埒が明くか分からないからである。

全く逆の決着がついたハナシがある。阪神間のA市でのことだった。関西有数の高級住宅地である。リッチマンの住む所で、エリート職業につく人が住む所でもある。3階建ての賃貸住宅を建設するハナシが持ち上がって、例の会合が行われた。広い敷地の〝お屋敷街〟の住人達だった。2階建てまでしか建っていない所だ。誰しもが困っていた、その住人の中に名立《なだ》たる弁護士も混じっていた。会合では好環境を守ることだけに話が集中した。

そして、結論として、2階建てにして貰うために、3階分を削る、その収益減に対する補償をする、近隣住人が費用を出し合う、ということで決着したのだ。何のことはない、金品を要求する住民達とは逆の現象が起こったのだ。自分達が金銭《かね》を出し合ってでも、環境を守りたい、ということだった。さすがA市の人達だ、と後々の語り種《ぐさ》となった。こういう例は、数少ない、いや、滅多にないハナシである。住環境を巡る人々の対応に、一石を投じるハナシでもあった。

只、ここで全く別次元のことがある。低層住宅地に、中高層建物が建つと、地価が下がる、そのことを防ぐ意味で、住人達の拠出金は真に適切であったと言えるのだった。

皆さん、ご存じですか？　過去の土地神話に浮かれて、地価の下落をご存じじゃないのではありませんか？　地価は下がることはないという土地神話が崩れ去った今、その対応こそが、地価を守り、財産を損なうことのない発想であり、最も適切だったのです。鼻クソ金など、せしめても何《なん》にもならないのです。地価を損ねるものは絶対に建てさせない、皆《みんな》が犠牲を、どれだけ払ってもよい、という強い信念こそが必要なのです。

……？　ムニャムニャ……!?

第4章

見えないものを探しましょう

言葉が空しい

朝から轟く春雷と、霰《あられ》混じりの大粒の雨が降る。この2、3日は雨が多い。やっと春らしくなりかけていた矢先で、まだ寒さも残っている。今年は変だ。変だと言えば〝東日本大震災〟を筆頭に、いろいろな自然災害が起こった。その都度いろいろな言葉が、いろいろな場面で飛び交う。空しい限りである。

本日（2011年4月25日AM9時18分）はJR福知山線脱線事故から6年目に当たるとのこと、テレビ画面で見たJR西日本の社長談話も相変わらずの言葉で、反省色を前面には出していたが、何となく空々しく聞こえるのは何故だろう？　テレビのニュースから聴くいろいろな言葉も、何となく同じように聞こえるのは何故だろう？

言葉は非常に大切なものだが、慎重に慎重に書かれた紙切れを読み上げるのでは、血の通わぬ言葉の譫言《うわごと》に過ぎないようにも思われる。紋切り型タイプ、慣用マンネリ型タイプ、唯ただ慇懃《いんぎん》丁寧修辞型タイプ、などいくら聞いても空しい限りだ。国会中継をしていたが、これもスイッチを切った……。

〝言葉〟は広辞苑を繙くと、大変な量が書かれていた。特に書き立てることはしないが、人間生活にとって重要な位置を占めている。

失言とか言葉尻とか、いろいろ物議を醸《かも》しそうなこともある言葉だが、〝言った〟〝言わない〟の争いも含めて、文字同様、人間の一大文化を形作っているのである。

これは、人間にしかない特色だ。その点では人間は素晴らしいと思う。大切にしなければならない。人が人として生きている価値もそこにある。

空しい言葉は止めて、生きた言葉を使おう。そこに人としての価値があり、言葉の価値がある…ということを思い知るべきだ。殊に地位の高ければ高い人程認識すべきだ。

社会と地域は人やものを育てよう

社会と地域では必要な人やものを、育てようとしていないのではないかと疑いたくなる。例えば医師不足、弁護士不足、農林漁業の跡継ぎ…各々業種の若手の跡継ぎ等、その不足は数えれば切りがない。中小企業の後継者だって同じことが言える。やがて大企業にまで波及して、この国の未来はどうなるのか、それぞれの分野ごとの人々の嘆きは……誰も努力しないで、余りにも身勝手過ぎるように思うのである。

田畑や野山も荒れ放題、街や町は寂れ放題、人心もまた廃れ放題、人為的に放題だらけにしているように見える。

社会は何事も手遅れにならないように、もっと早くから手を打たねばならなかったはずだ。

地域に必要な人は地域に定着して貰えるよう、手厚く持て成さねばならない、育てなければならないのである。並行してその人達の後継者にも配慮して、投資していかねばならない。それが生き金銭を使うことであり、人々の生き甲斐にも通じる。そして豊かな循環社会を形作ってこそ、安心して暮らせるのである。

我が国のような東京一極主義は、世界に例を見ない。アメリカは、首都はニューヨークでなく、ワシントンである。また州都もカリフォルニア州はロサンゼルスではなく、サクラメントである。ニューヨーク州はニューヨークではなくオールバニである。

我が国では一旦、見放された分野は何事も衰微の一途を辿る。小手先だけの活性化などは、何の役にも立たない。

どこもかしこも、ミニ東京を目指す。昔、地方が小京都を目指したように。地域が地域だけの特性を生かしてこそ、生き残ることが出来ることを忘れてしまっている。

町造りもそうだ。どこを見ても、ミニ東京化したがっている。車窓から見る風景が似たり寄ったりなのだ。

住文化だけではない、食文化だって、衣文化だって同じことが言える。つまらぬ……。切り捨てを言ってしまえば、お終いだ。社会や地域が、それぞれ人育て、もの育て、そして現在と未来造りの出来る態勢を築かない限り、希望は持てない。

希望のない社会は、自殺者の山、犯罪者の山、若者の更なるニート化の山、夢なく覇気なき人々の山をも築く。

哲学も科学も総動員して、それに取り組まねばならない。

誰がそれを解決してくれるかは、人頼みではなく、個々の人が高い意識を持って、真剣に取り組むことが急務である。衆愚でなく衆智を集めて、ことに当たる指導者を選ばねばなるまい。

〝何をするかではなく何が出来るか〟が問われる。政党などは〝何をするか〟のマニフェストばかりで、〝何が出来るか〟は何一つ書かれていない。問題だ。衆愚がそうさせているとすれば、又、問題だ。お互いに火の粉が我が身に降り掛かることをしてはならない……。……がんばろう！

久々に名張と山へ行く

三週間振りに名張方面行の急行に乗る。名張のセカンドハウスに一泊してから山荘に向かうのである。車窓からは新緑の山々があちこちに見られ、目に優しい季節が来た感じだ。八重桜や山桜がまだ残っており、花も楽しめる。菜の花の色も彩《あざ》やかで、緑との対比が綺麗だ。

もうすぐ五月というのに、電車の扉が一斉に開くと、車内はたちまち冬のようになる。暖房はない。人も少ない。当然のように冷気が襲う。そうこうするうち、目的地に着いた。すぐバスに乗り込む。バスも間もなく目的地に着いた。

新しく出来た施設の前を通ると、最近植えられたらしいビオラ（小スミレ）が、可憐な花を咲かせていた。

我が家に着いた。雨戸を開けて外を見ると、庭の柘《つげ》の木の上に雀が集まっていて賑やかだ。雀も結構、この季節ではキレイに見えた。庭の縁に咲くコゴメ桜の小さな小さな木は、今を盛りと八重の小花をピンク色に咲かせていた。庭に降りて草ぬきなどの手入れをして本日の仕事は終わりにした。

翌日、山へ行くため、いつものバスに乗り込む。出発するや否や、花水木の並木が、ずらりと紅や白の満開で出迎えてくれる。桜のように花びっしりというのではないが、桜より大き目の花が、木を全体に覆っていて見事である。

下比奈知あたりで、この前の帰り、小猿の群れが道路を集団で渡っていたのを見たが、今回はおらない。多分、日本猿だったのだろう。可愛い顔をしていた。

比奈知ダムを通ると、桜は既に散っていたが、山桜と八重桜は未だ健在で咲き誇っていた。花見が二度もできた。枯れススキの向こうに川が流れ、その向こうに桜が咲いている。更に山が背景となり、新緑、深緑のコントラストが山桜を囲んでいる。山は山で春の名残をとどめながら、次の季節へと移り出そうと萌えている。自然は素晴らしい。

車窓から見える、民家の庭も花盛り、新芽盛りで美しい。どこもかしこも春大歓迎ムードで一杯だった。

大型連休とあって別荘地は賑わっていた。あちこちの家の前に車が停められている。人の温もりは、山の温もりでもあった。天候にも恵まれ、ちらりほらりと人の姿が見える。犬連れの家族にも会い、のどかだ。山菜を採る人、散策する人、手拭いをぶら下げて汗を拭く人など大勢の人に会う。車も引っ切りなしに走る。動物たちは人の姿に怯えているのか、あまり姿を見せない。時々、リスが木の幹を伝い登るのを見るぐらいだった。

別荘で一冬を過ごした、近くの住人が「今年は寒く、薪《まき》ストーブを焚き、石油ストーブを付け、電気ストーブ二台を使って、ようやく摂氏20度の室温になった」と話していた。雪も20センチメートル近く積もったらしい。

そう言えば、ここは西の軽井沢などと、うそぶく人がいる。

軽井沢は標高1200メートル、ここは半分の600メートルしかない。比較にならない。

軽井沢は鉄道やバスのインフラも、ずっと整備されていて便利だが、ここはバスはあるものの、平時は別荘地の停留所の一駅手前が終点である。停留所前まで行ってくれるバスは日に一本しかなく、それも夕方の便なので役に立たない。

まァ、最大の利点は温泉があることである。各戸に温泉を引き込むことが出来、楽しめる。温泉は冷泉で、摂氏22度の温度しかなく、その2倍の温度までわかさねばならぬ。温泉の泉質など、細々とした能書きは別として、湯は肌にへばりつくような〝つるつる、とろとろ〟の独特の〝ぬめり〟がある。他の温泉には中々見つからない泉質なので気に入っている。

朝昼晩入って、朝昼晩ビールを呑む、それが楽しみで来る人が、かなりいるようだ。季節のよい連休には、別荘地の管理会社がサービスで露天風呂を焚いてくれる。男女別々の2カ所に、ビジターなども入りにくる。岩風呂風情になっているのも、売り物の一つだ。

夏は涼しく、格好の避暑地でもある…。

軽井沢とは比べものにならないが…。

前世と現世と彼の世《あのよ》、三世

三世《さんぜ》を生きることになる。そんなことを勝手に決めるのは、困る！　現世だけで十分だ。いらぬことを言うな！　お叱りは、ご尤もです。最も生き難く、セチ辛いのが現世ですからネ。

前世など、ありゃしない……、分かりました。が、ここに現世を恨み、前世の己がどうあったのかを知りたがっている一人の男がいたのです。悪い親の元で生まれた、そして現世で大人になっても、ちっとも良いことがない、悪いことだらけであると言うのです。そのことからお話しせねばなりますまい。

子供は親を選択できない、と申します。そりゃそうですが、その親の遺伝子を受け継いで生まれるのですから、選択はできないまでも、別の言葉で言い換えると、親の因果が子に報いと言うじゃありませんか。つまりは子供は親そっくりであり、親は子供そっくりと言っても言い過ぎではないのです。ですから、悪い親だと言っても、その親が居なければ生まれません。感謝して良いのか、泣いて良いのかは、人それぞれです。

その男のことを、これからは彼と呼びます。

彼が生まれた時、父親はある工事の人夫をしていました。収入は〝まぁまぁ〟でした。家は六畳一間だけの貧民窟でした。父親は、酒飲みで博打好きで女好きでした。

それさえなければ、真面目に人生を送ってさえいれば、子供達だって、〝そこそこ〟の暮らしをさせて貰えた筈なのです。兄と姉が居り、一家は五人暮らしだったのです。五人で六畳一間は狭過ぎました。たしかに雨露は凌げます。共同炊事場、共同便所の家でした。人はどんな所でも育っていきました。やがて弟と妹が生まれ、一家は七人になっても、暮らし向きはちっとも変わりませんでした。

物心のついた彼は、学校も碌《ろく》にやっても貰えず、子守として働かされていたのです。そんな父親でも彼は、怖かったのです。家を飛び出すなんて、怖くて怖くて出来たものではありません。不出来の兄は役立たずでしたが、何せ最初の子供だったので、父親や母親は兄には甘く、三番目の男の子の彼ばかりを、こき使いました。

簡単に申しますと、五人の兄弟の真ん中に生まれてきて、最も不運だったのです。これは、まァまァよくあることですよネェ。

ある時、子守の最中に、背中の子供に思いっきり引っ掻かれて、首に血が滲んだのです。その子供の爪を切るのを、その子供の親が忘れていました。あまりの痛さに、再び子守をするのはイヤだと泣き喚きましたが、彼の親は許しませんでした。子から金銭《かね》を巻き上げるためだったのです。

彼の記憶にある、まず第一番目の〝悪い親〟との出合いだったのです。貧民窟やキタナイ着物のままや、まずい食事で栄養不良は日常でしたし、他の暮らしを知りませんでしたので、親に対する具体的な批判などはなかったのです。長じて後に、親の批判をすることになりましたが、その頃はまだ幼かったため、首の痛みだけに気をとられて、それどころではなかったとのことでした。

子守をやらされているので、家に帰っても残り物しか食べられません。栄養が足りず、鳥目にかかってしまいました。親は彼を押し入れの暗い所に入れ、それが治療だと言い、医者などに診せようともしませんでした。そのため、一生不自由な目で暮らすことになったのです。これが第二番目の〝悪い親〟との出合いだったのです。

やがて長ずるにつれ、小学校も碌に出ていないことを、他人に〝軽蔑〟されるようになり、よほど〝前世《ぜんせ》に悪いことをしていた〟に違いないと、思うようになりました。さて、ここで前世が出てきましたネェ。現世しかない……と言いたいのですが、こんな彼が前世のことを持ち出すのを、人として理解してやらねばなりませんでしょう。

彼は悩んだ末、ある祈祷師の所を訪ねたのです。

前世のことを訊ねました。

彼「前世の私は何者だったのですか？」

祈祷師「まず過去帳を調べましょう。後ほど、ご報告いたします」

過去帳の結果が出ました。分霊が宿っているとのことです。霊には本霊と分霊がある、本霊は自らの生き様を検証するため、さまよっているとのこと、分霊はその間、過去帳の所で留守を預かっているとのことでした。

「彼の前世は無差別殺人罪で、三条河原で首をはねられて死んだ」とのこと、それが誤審であったとのこと、「本霊は今も真犯人を探している、分霊は今も留守番をして〝朗報〟を待っている」とのことでした。

どうすれば本霊が安らかに前世を過ごせるかは、真犯人が見つかり、誤審が正されることに掛かっているとのことでした。そのことが彼の〝悪い親〟から遁れられる道だったとは、今の今まで知りませんでした。

彼「本霊のお手伝いをしたい」

祈祷師「では、本霊に聞いてみましょう」

祈祷師は本霊に聞きました。すると本霊は意外なことを言い出します。

「申し訳ないが、お手伝いはお断りしたい。益々現世の彼が苦境に陥ります。犯人は巧みに私の影に隠れて見つかりません。彼が手伝うということは、更に彼の影に新たに隠れ場を作ることになるのです」

これでは、どうすることもできません。

彼「じゃァ、私はどうすればいいのですか？」

祈祷師「あなたの生き様のことですね。徳を積みなさい。人の為、世の為ですゾ」

彼「いつから、いつまでですか？　期限を決めて欲しいのです」

祈祷師「分かりました。本霊と相談します」

答えは返ってきました。無期限とのことでした。

この時、彼は再び〝悪《あ》い親〟を認識しました。

彼「私の親は、彼の世にいっても、極楽にいけず、地獄いきとなるのでしょうか？」

祈祷師「そりゃア、閻魔王がお決めになることです」

彼はもう何も言いませんでした。自身は親と違った人生を送るのみ、ということで一滴の酒も呑まず、一円の博打もせず、女遊びは一切しませんでした。

現世を去るに当たり、彼は一言だけ言い残しました。

〝オヤジは結構な人生を送った。私は残念無念だったが、何せ前世が悪い。オヤジの前世も知りたかったが、現世を見る限り、私よりも前世はよかったのではないだろうか。しかし、彼の世では、私の方が勝つだろう〟と。

「邦江のつぶやき《ツイッター》」

山菜狩りの名人

重一は山菜を採るのが大好きだ。「住まいの実技講座」の第15期生だったOさんから手ほどきを受けて楽しさを知ったのである。

Oさんは卒業後、住宅の設計を依頼して下さったのでクライアントでもある。そんなご縁で、Oさんの故郷、夢千代日記で有名な湯村温泉にも何度か招かれて行っていたようだ。そこは山菜の宝庫で、これまで知らなかったいろいろな山菜をOさんの指南で採れるようになった。

講座の山小屋作りで実習地の山に行くようになると、Oさんを誘って山歩きをしながら山菜採りに励んでいた。Oさんを師匠にさらに腕を磨いたが「Oさんの域にはとても及ばない」とOさんを大変尊敬していた。実習地の山は湯村温泉にはかなわないが、山菜の種類は豊かで十分満足できる良い山だと喜んでいた。

泊まりがけで実習を行うときには、受講生の有志を連れて山菜採りに連れ出していた。受講生達は面白がって「山菜狩りの名人」と呼んでくれるのでまんざらでもない気分なのである。

希少価値の山ウド、タラの芽を目敏く見つける能力は確かで、どこからともなく上手に探してくる。そして珍しい山菜をみんなに分けてあげるのが何よりも楽しいのである。

ただしキノコには手を出さないことにしている。キノコの事故は死にいたるからだ。なまじっかの知識で、間違って毒キノコを採ったら取り返しがつかない。秋の山には様々なキノコを見かけるが、誘惑に負けないように無視を心がけて歩いているらしい。

正解、試験、嫁選び……

正解なるものが求められる。あらゆる分野でだ。しかしあらゆる分野に、はっきりした正解がないのも実情だ。仮にあってもすべて〝正解らしきもの〟に過ぎない。それが〝まやかし〟とか〝ごまかし〟とか言われても、正解だと言い張る人間もいる。人間とは〝不思議なもの〟だ。

深く考えて出す正解もあるが、浅く考えて出す正解もある。前者の誤りは〝考え過ぎ〟、後者の誤りは〝思慮足らず〟と言われる。〝過ぎる〟〝足らず〟もいずれも不具合であれば、人は常に程々にしておいた方が良いことになる。それを〝中庸〟などと呼ぶらしい。これも〝どっち付かず〟と悪口《あくこう》の元となる。政治家達が、テレビの映像でやっていること、つまり口舌はこの類である。又、学者や文化人、有識者なども同じである。彼らが断言したことも正解ではないかもしれない。ムニャムニャ言った中に、正解が紛れ込んでいるのかも知れない。

試験というものがある。これは採点するため、正解が必要とされる。入学試験、期末試験、卒業試験、就職試験、昇進試験など等である。すべては試験で決まる。中国四千年の歴史も〝試験〟〝試験〟であった。我が国も右へ倣えで〝試験〟〝試験〟だった。他に方法がないからである。それもペーパーテストが殆どだ。まァ、それ以外と言えば、実技試験もあるが、そんなものも含めて試験尽しで生涯が始まり、生涯を閉じることになる。

それに漏れても〝三度の飯〟が食えりゃ良いとされるが、〝旨い飯〟か〝不味い飯〟かの違いが出てくる。漏れて〝旨い飯〟に有り付こうとすると、金儲けしかあるまい。はたまた〝世渡り上手のゴマすり〟しかあるまい。運、不運の〝幸運〟に恵まれるしかあるまい。〝しかあるまい〟も結構あるので、失望の必要はないかもしれない。しかし、これにも誰もが乗っかかれるのではない。金儲けは結構難しい。ゴマすりも天分が必要だ。幸運などは、ちっとやそっとでやって来ない。逆のことなら、すぐやって来る。

誰しも金を追っかけるが、逃げ足の早いのは天下一品で〝お足〟と金のことを呼ぶ。ゴマすりも演技上手にやらねばならない、努力がいる。運はタナボタ式に待っていても中々来ないので、字の如く運んで貰えるように動き回らなければ、勝手にはやって来ない。そんなことなら、確実に安心して生きていけるよう〝勉強しろ〟と世の親共は、子供の尻を引っぱたく。これは正解だろう、最も近道だと考えられるからである。

しかし、勉強にも〝天分〟がいることを、お忘れなく……。ペーパーテストに〝持って生まれた向き、不向き〟が影響する。努力だけでは追い着かない、何かがある。それも言うなら、親から受け継ぐので、親の責任がある。親も又、その親から受け継ぐのだから、元へ元へと遡る他あるまい。

太平洋戦争の頃の話である。陸軍士官学校つまり略して陸士出《りくしで》とされる人が、将校になった後、結婚するに際して美貌の女性を選んだ。当時陸士出の人たちは競い合って美女を選んでいたからだ。〝おつむ〟の方はそっちのけであった。結果、子供は〝学業成績不良〟で大いに悩まされたそうだ。自身は勉強が良く出来、職業軍人としてエリートコースを歩いたが、子供はそうはいかなかった。失敗だったと述懐していた。

こんな事例は他の職業のひとにも、枚挙に遑《いとま》がないのだ。

えッ、何ですか？　〝器量〟と〝おつむ〟を天秤にかけりゃ……男なら〝そりゃ器量〟ですか？　それじゃ子供はどうなる？　子供のために結婚するのではない、自身のためにするのだから、それで良い……ですか？　違うってですか？　じゃァ、どんなことですか？

〝美女で才媛〟を貰いたい、ってですか？　さァ、どうですかなァ？

〝天は二物を与えず〟と申しますので、両方兼ね備えているのは、ちと慾どしいのではないですか？　構わない、ですか？　あなたが構わなくても、相手がありますョ、女性の値踏みは相当高くなりますが、あなたは耐えられますかなァ？

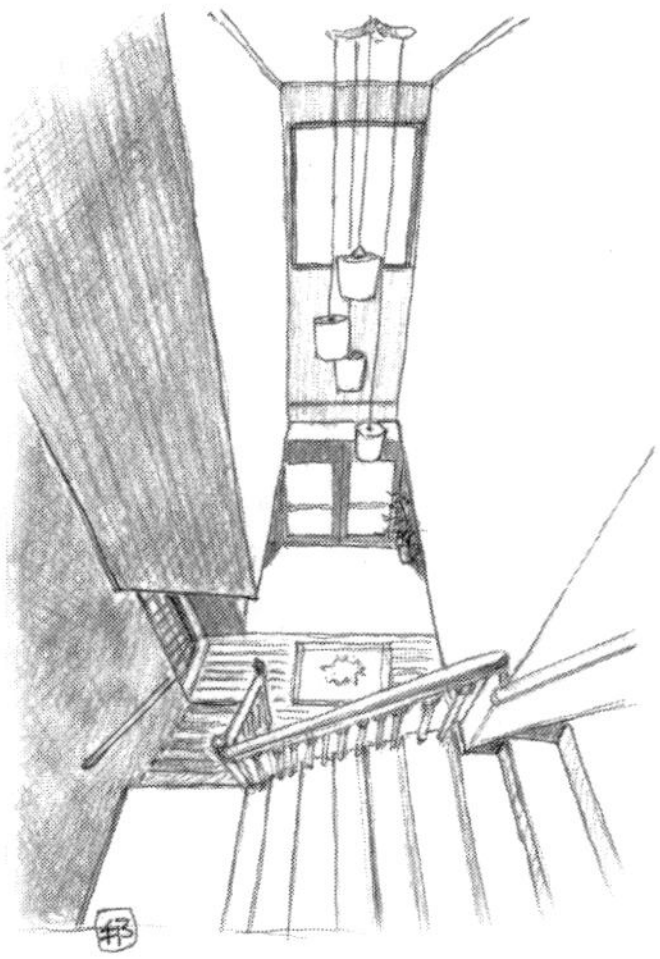

職業人的傾向

人はさまざまな職業に就いて働いている。働く人達は、その職場に必要なスタイルで働いていると言えよう。そして職業人的傾向を身につけていく。

例えば建設業について見てみよう。業界は土木や建築その他、多岐に亘る。そこへ元請け、下請け、孫請けなど複雑だ。又、関連業種は殆どの職種に及ぶ。元請け一つ取っても超大手ゼネコンから準大手、上場中堅、中小零細業者、大工工務店、又、下請けでは各種工事別業者の大手、中堅、小規模、零細、下請けの下請け、孫請けなど、無数にある。更にゼネコンそのものの下請けあり、孫請けありで、裾野は随分と広いのである。気の遠くなるようなものだ。

建設業の歴史は古い。人類の誕生と共にあると言っても、過言ではない。昔から、〝水を治める者は天下を治める〟と言うぐらい重要な位置にあるものなのだ。

さて、この業界は古くから〝仕事は金で買う〟癖がある。談合《だんごう》と呼ばれる風習や、政商の存在も、絶えず〝金が動く〟噂が付き纏う。それが良い、悪いの議論があるが、法律上は悪いの部類に入る。しかし、その任に当たる人達に取っては、已むを得ない〝悪〟であって、仕事を取る上では、どうしても金が動くことになる。尤もこれは官民の間のことであって、官々や民々の間のことではないが、その周辺《あたり》にも怪し気な部分はある。職業人的傾向と言えそうだ。

この業界は、保証人が必要となる際、近しい業者間では躊《ため》らわずに判子《はんこ》の押し合いをする。実際には、判子は命の次ぐらいに大切な筈なのに、無造作に押す。それが元で大きな損害が生じて、共倒れをすることがある。支払手形を乱発することもある。又、融通手形など、互いに手形を発行して、双方が交換し合い、換金して資金繰りをする等、あやふやなこともする。それが又、倒産の引き金となる。請負（ゼネコン）はデンボ（腫れもの）と同じで、大きくなったら潰れるという言い伝えがあるほどだ。これも又、職業人的傾向である。

土建屋といわれる、これらの業種は、金融機関のランク付けでは最も低いとされる。だから融資も受けにくく、取引銀行も都銀よりも格下の銀行が多い。

そんな中で働く人達にも職業人的傾向が顕著だ。ある外壁吹き付け業者が、設計仕様の中に指定業者として取り上げられた。すると元請業者が、幾ら値切ろうとしても、値段が下がらない。元請業者の現場監督らは、それを知って、その下請業者に嫌がらせをする。つまり、外部の吹き付けの防水性能をチェックするのに、吹き付けた外壁に消防車の強力ポンプで放水をして検査する始末、それで漏水しない程の強力防水性能の吹き付けではないので、一溜りもなく不合格となる。再吹き付けを命じられて、その下請業者は大損をさせられる、上手に立ち回れば済むのにそのことをしなかったばかりの大嫌がらせだった。現場監督らに鼻薬を利かせて（少しばかりでも金を握らすか、呑みに連れていくか）何かをしていれば収まったのに、何もしなかったばかりに大変な目に遭わされる、よくある話である。〝何にでも難癖を付けて鼻薬（金品）を取る〟そんなことの日常茶飯事が、この世界にはある。

が、そんなことは他の職業にも、又、携わる職業人にも、たくさんある話。何も土建屋に限ったことではないだろう。仕事を取るのに金が掛かる、取引に保証人や担保がいる、金繰りに汲々とする、手を拡げ過ぎて潰れる、何処にでもある。共通事項だ。

土建屋は歴史が古い業界なので、そうした事例の代表格となる。日進月歩の技術はあっても、経営形態や携わる人々が代り映《かわ》《ば》えしないのが実情だ。古式停滞色が濃いのである。それだけ丼勘定臭い世界でもある。

住み分け

「邦江のつぶやき《ツイッター》」

「私作る人、あなた食べる人」というカレーのコマーシャルが流行語になったことがある。住み分け文化を表現したフレーズとして共感を呼んだのだろう。

それぞれが得意とする分野を頑張ることで、軋轢《あつれき》をおこさずにお互いが協力しやすい環境も生まれてくる。住み分けは共同社会で生きていく上での大切な知恵でもある。

重一との間でも多くの住み分けが出来ている。それは共同生活のなかでおのずと出来あがってきたものである。

重一が得意とする山菜採りでは「あなた採る人、私作る人」である。重一が実習地の山で採る山菜は半端な量ではない。春から夏にかけての時期はリュック一杯の量である。

家に帰ると、新聞紙を広げて仕分け作業にとりかかる。山ウドやタラの芽は少数派、わらび、ゼンマイ、フキ、イタドリ、ヨモギ、ツクシなどの多数派を手際よく分類して、湿らした新聞紙に包んでいく。その後が私の仕事になる。

天ぷら用、おひたし用、煮付け用にと、鮮度の良いうちに調理したほうが良いもの、冷凍保存に回すものなどに仕分けして、数日間はひたすら山菜料理との格闘である。あまりの量に恨めしい気持ちになるくらいだ。わらびなどは灰汁抜きをして近所にも配り、減らす努力をするが、我が家の冷凍庫は山菜で満杯になってしまう。

重一は採るのが楽しいだけで「山菜は消化が悪い」と毎日続く山菜料理に平気で不平を言う。「では処分をしていいですか」と言えば「もったいないことをするな」と怒る始末。だからこの時期は、お互いの住み分けを最も実感する季節でもある。

他にも沢山の住み分けをしてきたが、大変感謝をしているのが「あなた働く人、私使う人」である。重一が働いて得たお金を私が使わせてもらうからである。

私が初めて海外旅行をしたのは1979年である。以降毎年のように旅行をしてきたので、パスポートを所有していた25年間で22回の海外旅行をしている。重一のおかげと感謝しながら海外の建築を見てまわった。長女が医学部を目指して浪人をしていた1984年の夏には、長女に家事を託して25日にわたる長期旅行もさせてもらった。

2008年にパスポートが切れてから私の海外旅行も終了した。同じ頃、重一は仕事のウエイトを少しずつ私にも振り分けるようになった。

アメリカの山小屋ライフ

文学と建築の接点

文学と建築なんて全然違う、何の接点もない。文学は文字を使って作り上げたもので、建築は用材を使って造り上げたもので、ものが違う。只、お互いが作品と呼ばれるもので、芸術の分野に入るものならば、文学は言語芸術であり、建築は造形芸術である。つまり、芸術と作品ということでは仲間同士と言える。逆に双方に芸術性などの欠片《かけら》もなく、作品だなんて呼ぶのもチャンチャラ可笑《おか》しいというものならば、これ又、歴《れっき》とした仲間同士である。ここでヒポクラテスの言葉を……芸術は長く人生は短し。成程、芸術は長い、かぁー……。

文学は遺る、されど建築は潰されたり壊されたりで遺らない。又、経年変化して朽ち果てたり災害で失《な》くなる。この違いがあった。更に建築は後に人の手が加わることがある。それも具合が悪い。松尾芭蕉の「奥の細道」にも、少しばかり、文章遣いの誤ちがあるらしい、それとて、そのまま遺るが、建築は劣化していくと修理の必要性が出てくるので、どうしても人の手が入る、已むを得ないことである。その際、完璧に元通り直せばよいが、用材の〝有りや無しや〟とか、又、風雨に曝されるところでは、もう少し耐久性のあるものに取り替えたりする等々変化して、原形を留めることは難しい。

ここにも文学との違いがある。文学は無形であり、建築は有形であるからでもあろうが、文学も製本されて紙の上に遺されるので、無形且つ有形のものと言っても良いだろう。建築だって取り壊されると、映像や写真とか、設計図書とかの形で遺りはするので、これ又、有形かつ無形のものと言っても良いかも知れない、哀れなハナシである。

文学は純粋の創作ならば、〝無から書く〟ことになり、建築は何もない更地に造るべく、一切の人真似などのない創造から設計をするならば、〝無から描く〟ことになる。何れも〝無から……〟であるのが、大切な共通点であらねばならない。

文学には〝学〟がつく。建築には〝学〟はつかない。何故？　文学は学術と作品の両方を指す。建築は家やビル等の建造物だけを指す。それが作品である場合だけが、文学の芸術性と合致するだけである。共に分野は無限に広い。

文学の作品には構成方法があり、建築の作品には造形方法がある。そんなところにも

〝方法〟があるが、どのような方法を取るかは、個々人によって一定ではない。基礎的なことは、どこかで学ばねばならぬ。

いろいろな学校があるのは周知の通りであるが、実社会の中で学び取ることもある。この双方に、何かを訴える力が〝有りや否や〟である。殊に文学においては、それが重要である。

詩などは、読んでも皆目、分からないものがある。何《なん》となく、訴えかけられているものが有りそうで無いとか、無さそうで有るとか、あやふやなものが多い。そこが良いのだと、言う人がいる、それが文学なのだとも……。

じゃア、建築はどうなのか、ちょっと素人には分かり難いかも知れない。わざと分かり難いものを設計する人もいる。仕上げ材が良いことだけで、見せ場を造る人もいる。素人目に良いからだ。コンクリートの『打ちっ放し』は、〝わび〟〝さび〟として緑滴る山や丘、田園や屋敷街などの中では見端《みば》よく見られるが、市街化された建物群のど真中《まんなか》では、稍《やや》もすると、みすぼらしく工事途中の『やりっ放し』に見えたりもする。

殊に箱型になって、屋上のパラペットの笠木部分の上に飛散して乗った土埃が、雨水と一緒に滴り落ちて、長い間に外壁を涎《よだれ》のように汚していたりするのを見ると、その手法は使う場所《ところ》を見誤っているという疑念と、それを考えた上での設計方法があるのではないかと思う疑念が重なり合う。

部分的に巧《うま》く取り入れるとか、庇や軒先などの覆いによって汚れないようにするとか、いろいろと打つ手はある。極めて素人目に見苦しい建物になり、都市の美観も損なう。その建物が巨大になればなる程に。

クライアント（施主）の中に、建築の心得のある人は、それは駄目だと言って、タイル貼りなどの仕上げを要求してくる。アーキテクト（建築家）の作品であっても、クライアントの所有物であるのが、又、建築であり、文学とは大きく異なる点である。訴えたいと思うことだけで、建築をすることは出来ない。

如何にして作品を造るかは難しい世界でもある。ほんの僅かしか、作品らしい作品は造れない世界でもある。それでも建築はリズムよく設計されたものならば、生涯を通して幾つかの傑作を生み出すことが出来る。文学でいう、詩情溢れるものが……である。

文学者の一生も、建築家の一生も短い。遺されたものの生命は長い。そう有りたいと願っている。歴史的価値のあるものを遺さねばならないし、遺ることをも希《こいねが》うものである。

カミ《神》とヒト《人》

神の上にカミが存り、人の上にヒトが居る。何故かというと、神はたくさん御座《おわ》します。神同士の争いも絶えません。教義も数多くあります。それが絶対的なものとして、排他的になりがちですので、他教義とは相容れない。神はまだ度量が狭いので、神の上にカミが御座します。

じゃァ、どうして人の上にヒトなるものが居るんですか？　人の目に見えるものがある。反面、見えないものもある。その割合は同じだけあるとされている。その見えるものも、人には半分ぐらいしか見えていない。人の目ほど頼りないものは無い。ある大学の医学生を前にして、著名な教授が黄色い液の入った一本の試験管を翳《かざ》してみて言いました。

「これは人間の尿である。諸君は医学を志す以上、これしきのものを舐められるぐらいでなければならない。私が舐めてみよう」と、指先を入れて、ペロリと舐めた。それには学生たちも呆気《あっけ》に取られて、やがて、さすが大先生だけある、と感服した。ところがそこには裏があった。彼《か》の教授は人差指を管の中に入れて浸《つ》けた後、実際に舐めたのは別のキレイな中指であったのだ。学生の中の誰一人として気付かなかった。このことは人が如何に観察力が不十分であるかを示し、また、実際に人は見えるものの半分ぐらいしか、見ていないと言えることになるのだ。そこに人の上にヒトが存在することになる所以《ゆえん》がある。

さて、人の目に見えないものって何だろう？　いろいろあるョ、神だって仏だって見えないョ。人の気持ちだって、全く意に介さない人が居るョ。人同士が理解し合う、と言っても中々難しいし、国同士だってお互いに理解し合えない。せいぜい妥協が出来れば首尾良くいった方だョ。見えても半分、それと見えないものを合わせると、75％、つまり4分の3までが見えないなんて、人は目明きであっても4分1（しぶいち）だねェ……。家の中の和室の真壁（註1）付き隅柱の〝散《ち》り〟（註2）ぐらいの値打ちだねェ。

人の上にいるヒトって、一度、会ってみたいが、何処にいるのかなァ？　その人は、どれだけ見えているのかなァ？　神のみぞ知る、なんていって逼げないで、会わせて欲しいねェ。いましたよ、居ました、仏壇の中でした。

えッ、神を仏にすり替えて、ゴマカシじゃありませんか、仏は生きているのですか？

〝仏の教え〟と言うじゃありませんか。古来、ずーっと多くの先人の教えが遺されています。そこにヒトがいるのです。よぅーく研究して下さい、今まで見えなかったものが、うっすらと見えるようになりますョ。ウッスラですか？　はっきりと見えないのですか？　そうです、幽玄の世界ですからねェ、うっすら見えて、すぐ消えるのです。ですから、物事は決定づける物ではなく、どちらでも取れるようになっているのです。つまり玉虫色なのです。

カミだけが違うのですか？　人もヒトも当てにならない、神は争ってばかりいる、もう後はカミ頼みですか？

カミはすべてを受け入れてくれる。見えないものはありません。言うならば、宇宙から大地の果てまで知り尽くされており、最も頼りになります。是非会いたいって、ですか？　でも、姿形はありませんョ、お会いになっても……。構いません、お声だけ聞かせて戴ければ、それで十分です。はぁ……、カミの〝お告げ〟ですか、どこかで聞きましたね……〝天の声〟を……。〝カミのお告げ〟は、ありましたョ、『神はカミたれ人はヒトたれ』でした。オワリ。

（註1）真壁　和室内の柱が現れている壁

（註2）散り　真壁の柱の出幅

只（タダ……ロハ……無価値）？

超有名ブランド品を扱う店舗の鉄骨造3階建ての設計が為されていた。建設場所も超一等場所であったが、何しろ〝土一升金一升〟といわれる程、地価の高い場所なので、敷地の間口は狭かった。スタッフの一人が平面図（間取り）を描いていたのを、チーフが覗き見をして驚いた。そして言う。

「何だ、そんなところに柱が出張っているのは？　そんなもの、邪魔だ。取れ！」

スタッフは目をパチクリ、パチクリさせる。そして呆れたように言う。

「柱がなければ建たないのは、チーフは最もご存じじゃないですか？」チーフは〝コイツは分かっていない、駄目だ〟……と逆に呆れた。

考えてもご覧なさい。世界の超ブランド品が並ぶ店に、不似合いで不粋《ぶすい》な柱が出張っているなんて、あってよい筈がない、それで、そんなものは取ってしまえ、と言っているのだ。誰も柱を無くせ等とは言っていない。それをどうするかは、設計をする人間の英知に掛かっている。

でなきゃ、そんな不粋な設計では只《タダ》の設計で、クライアント（施主）から〝一文《いちもん》〟の報酬（かね）も貰えないし、初めから〝タダ〟の仕事をしているじゃないか……いや、そんなヘタクソの設計だけでは済まないのである。そんな設計で工事をして、建ててしまい、クライアントに大枚を支払わせてしまうことになれば、どうなる？　それこそ設計はタダよりもっとマイナスになってしまう。クライアントにどう〝申し開き〟をするのだ……と怒鳴った。

そんなことも分からないなんて、プロの設計者ではない、と。プロとは何か、から教え直さねばならなかった。柱は要る、が、柱は店舗内には要らぬ、この難問をクリアしてこそ、プロであり、報酬が戴けるのだ、と。

さらに「左右の状況をよく見ろ、両隣の店舗が境界ギリギリに建っている、窓も取れない、壁だけが存在する、その外壁の中に柱を入れてしまえ」と言った。すると、スタッフは「その壁の中には、柱は大き過ぎて入らない」と反発した。「壁を少しだけ厚くしろ、さすれば入る」ともう50ミリメートルだけ厚くさせて、柱を1メートル毎に入れさせた。柱の断面は（幅）D（デップス）＝150ミリメートルにして、壁の中にビッシリと林立した設計にした。店舗の中には、一切、不粋な柱型などは無くなった。彼は不承不承《ふしょうぶしょう》従った。

図面は現場に下ろされ、工事が始まった。鉄骨の棟が上がってヤレヤレと思う間もなく、現場から緊急の報告が入った。

「骨組みの揺れが止まらない」と。慌てふためき、現地へ急行した。そして見た。各階の床は未だデッキプレートのままで、軽かった。揺れは軽さ故のもので、各床にコンクリートが打たれ、外壁材が取り付けられると、それらの重量で動かなくなる、と判断した。別段、驚くことではなかった。

その時、柱の出張った設計をしていたスタッフが「無理な設計だと思ったので、やっぱりだ」と陰口をたたいた。揺れのことを、あれこれ難しい理屈を言っていたようだ。チーフの出した〝軽さ故〟という極《ごく》単純な結論が当たっていて、建物は落成に近付く毎に、動かなくなり、出来上がった時には、全く不動のものになっていた。

既に40年が経っているが、今でもビクともしていない。その後、ある工業製品デザイナーの家も、この手法で建てた。その人の家は自身がデザイナーとして考案したプランであったが、この手法を除いては建たないものだった。柱型がどこにも出せないからだった。建築の設計は容易ではない。ましてや、設計料を頂戴するのは更に容易ではない。一つ一つを発明発見する積もりでやらねばならない。それがプロと言えるのだ。ロハの設計にご注意を、と老婆心ながら……。

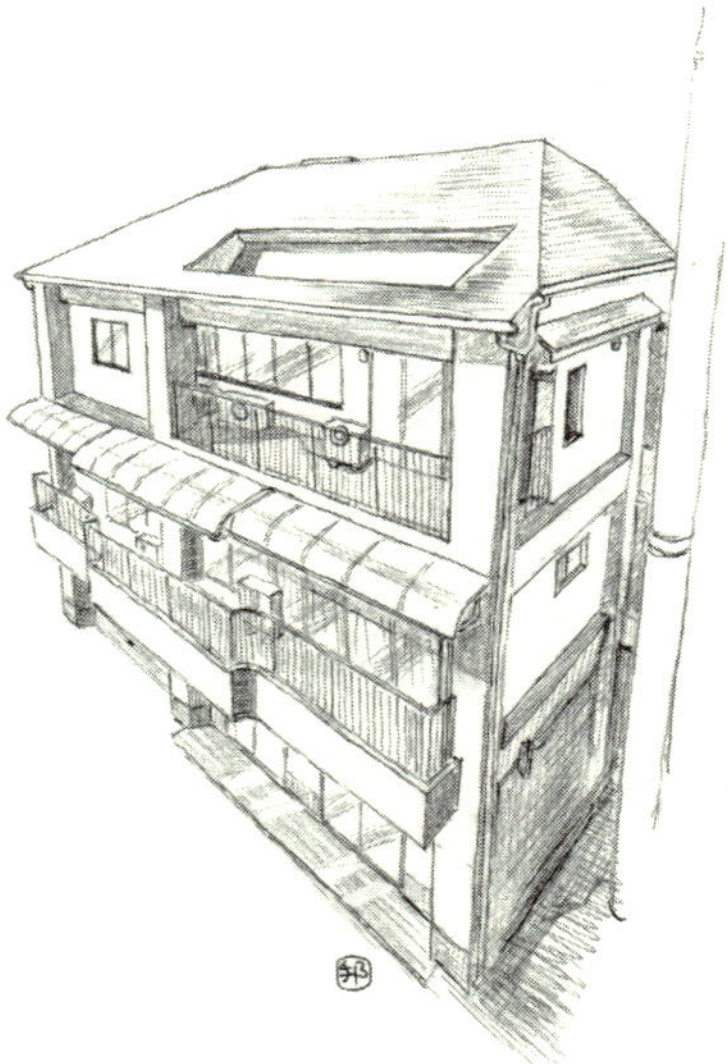

「邦江のつぶやき《ツイッター》」

スキ間を探せ

「スキ間家具」とか「ニッチ産業」と言う言葉がある。

スキ間家具は、中途半端にできたスキ間を塞ぐための家具のことで、タナや引き出しつきの細長い家具を指す。

ニッチ産業は、既存の産業では相手にされない領域を狙って、新規の事業を創り出すことを言う。いわば「スキ間産業」である。

私は、重一に背中を押されて大学で建築を学んだものの、相変わらず子育てと家事、事務所経営の雑用がメインの生活だった。私に実務を教えこむには年齢もトウが立ち過ぎて役に立たないようだった。私は独自な道を探すほかなかった。

重一は八方ふさがりになると、必ず知恵を絞りだす達人である。盛んに「スキ間を探せ」と発破をかけてきた。その結果到達したのが「住み手への教育分野」だった。

建築の専門家を育てる教育機関は沢山あるが、一般の住み手を対象にした教育機関は当時（昭和50年頃）なかったのでまさにスキ間だった。

オイルショック後の混乱期で欠陥住宅が社会問題にもなっていた。被害に遭わないために住み手も勉強をしなければならないという風潮が高まっていた。

重一とカリキュラムを練り「住まいの実技講座」というユーザー向けの、塾タイプの教育機関を立ち上げた。かつて教職についたこともある私に合った仕事となった。

時流にも乗って教室運営は順調だった。大阪以外に東京と名古屋にも教室を開いて多くの受講者との交流ができた。家づくりの地域差を実感できたし、各地で住宅の設計もさせて頂いた。

やがて住宅メーカーも営業強化の一環として、「住まい塾」を始めたり、建築団体主催の講習会も増えて、住み手への教育は一般化してきた。「住み手への教育分野」はもうスキ間ではなくなった。

しかしスキ間は、何時の時代にも存在している。将来はスキ間ではなくなるであろう「スキ間産業」が、誰かの手によって市民権を得る機会を待っているはずである。

第5章 小話

唄と齢

「カナリヤとヒトは全く逆だった」

ある日ある所に、唄を忘れたカナリヤと、齢を忘れたヒトが居りました。カナリヤは、齢は忘れずに覚えていました。一方ヒトは、唄だけは忘れずに覚えていました。

唄を忘れて齢は忘れずのカナリヤと、齢を忘れて唄は忘れずのヒトが会っていました。

カナリヤ……「唄を忘れては、長く生きられません」

カナリヤは美しい姿のまま、悲しそうに言いました。

ヒト……「齢を忘れては、いつまで生きてよいか、分からなくなりました」

ヒトは醜い姿を晒したまま、悲しそうに言いました。

何れも寿命のことばかり、心配してのことでした。

ヒトは唄を歌って、その苦悩を紛らわそうとしました。

カナリヤは可哀想に歌うことも出来ず、悶々として美しい羽を啄《ついば》むばかりでした。

徐々に、自慢の美形が失われようとしています。

ヒトは心配気に、カナリヤに注意しました。

「あなたは、そんなことをしては、いけませんョ。美姿は、あなたに残された唯一の財産です。大切にしてください」

やがて、カナリヤは死の国へと旅立ちました。

齢を忘れたヒトは、ただひたすらに生き続けました。

誰（人）かが、長寿の秘訣を、ヒトに問い質しました。

人……「どうしたら、そんなに生きられるのですか？」

ヒト……「齢を忘れて、唄を歌っていたからです」

人……「どうしたら、齢を忘れることができるのですか？」

ヒト……「カナリヤが言ってました。唄を忘れたのは、恐怖に取りつかれたからだ、と。ワタシも、死の恐怖に取りつかれて、ワタシの齢を忘れてしまいました」

人……「へぇー、で、カナリヤはどんな恐怖を？」

ヒト……「あなたは、カナリヤの唄を知らないのですか？　後の山に捨てられる、背戸の小薮に埋められる、柳の鞭でぶたれる…これだけされたら怖《こわ》かありませんか？　人だって」

人……「……」

いやはや、忘れるものと、忘れないものが、カナリヤとヒトとでは、まったく正反対だったんです、ネ。

じゃどうして、あんな美しいカナリヤだけに短命という不幸が訪れ、こんな醜いヒトだけに、長寿という幸運があるんですか？

うーん、そりゃ……うーん……、忘れたものが唄と齢の違いか、忘れなかったものが齢と唄の違いか、それとも現世の姿の美醜か……。

人…「えッ、たったその3つ？　それだけですか？　うーん……」

ヒト…「ワイには、よう分からん、ワカラン……ワカラン……、ただ生きてるということは、こんなにも厄介でワカランこととは、思ってもみなかったワイ」

緊急ご忠告！　みなさん、齢はわすれてください。唄だけは忘れないようにしてください。自嘲…のんきなハナシ。

いやいや、カナリヤさんにとっては、とっても、とっても、そんなハナシではありませんでした！

ハトと出合った

「鳥は飛べるが人は電車に乗れる」

観梅で大阪城に出かけた。暖かすぎる陽気に、ワイシャツ姿になって、歩いているうちに、寄る年波に腰、脚が痛くなった。そこで切り石の縁に座って休むことにした。

ふと見ると、片足を傷めたハトが、ひょこひょことやってくるではないか、よく見ると、傷めた片足が短そうで、指は曲がっている。

そのそばに寄り添うように、元気なハトが、しっかり2本足で歩いている。ときどき足を傷めて、歩きにくそうにしているハトをつついて、前に進むよう催促をしている。何となく哀れであり、又、微笑ましく見ていると、突然、元気なハトが後ろへ向かって飛んでいく。さて、足を傷めたハトは飛べるのかな?と気遣っていると、少し羽が下がり気味のまま、よろよろと、しかし勢いは、元気なハトと変わらず飛んでいった。

やれやれ、あんなに上下に揺れて歩いていたハトも、飛べたのだ。人は同じ2本足で歩いても、ハトのように、最後は飛んでいける訳ではない。

今度は人が再び、歩きにくそうにして歩く番だ。

梅は見る時期によって、多少違うようだ。今年は例年より遅れて来たので、ほぼ満開に近かった。キレイだった。

帰途、休み休み、地下鉄の駅に向かった。ようやく電車に乗る。ほっとして、ふと思った。ハトは電車に乗れない、人は乗れる、飛ぶ、飛べないが丁度、帳消しになるのかなァ？　そんな詰まらないことを考えている内に、目的地に着いた。

猫の恋

「夢を見るのもシンドイ話」

いやア、猫は一晩中〝ギャアーギャアー〟鳴いていた。

そのうち、夢を見た。５００万円もする、青い原色のピカピカの小型新車が、角ばった姿で、床下に隠されていた。

大雨が降っている日のことだった。隠した人が現れた。見つけた人と隠した人それぞれの夫婦４人と、何故かもう一人の合計５人が集まって協議している。話は延々と続いたが、平行線のままもの別れとなった。帰り際、それぞれは靴の中が雨水で一杯だったのを捨てたが、もう一人の一足だけ不足していることに気付いた。それは夢見た本人の靴だった。いらだって探すうちに、みな、帰ってしまった。その時間の長かったこと。目が醒めた時、心底ほっとした。

夢を見るのも楽ではない。もう夜明け近かった。

ふと、耳を澄ますと、猫の鳴き声が、夜中より更に大きくなっていた。環状線の走る音が、いつもより小さく聞こえるぐらい……。
この季節、猫も大変ですなァ、夢を見たご本人も大変でしたなァ。

そんなこと言っていいの

「ワタシャ、人をやめます！」

〝悪人〟と〝善人〟とが居る。これは漢字で書くと、それぞれが二文字一言《ふたもじひとこと》である。

まずは、前者の〝悪人〟を、ひらがなで書いてみよう。

〝あくにん〟と〝わるじん〟（又は、〝わるびと〟）になる。つまり、それぞれが四文字となり、二通りあることに気付く。さて、悪人に二通りあるとすれば、どちらがどうかを説明せねばなるまい。

〝あくにん〟は犯罪者であり、後ろに手が回る人のこと。

〝わるじん〟は悪いことをしても、バレないように上手にする人のこと。

では、次に〝善人〟はどうなるのか、ひらがなで書いてみよう。

〝ぜんにん〟と〝ぜんじん〟（〝よいごじん〟又は〝よいひと〟）になる。

ありゃ、二通りあるのは、悪人と変わらないよネ。また説明してもらわないと、分かんないよネ。

〝ぜんにん〟は人が好く、騙され易い人。

〝よいじん〟は人が好さそうで、あっちについたり、こっちについたりする人。


ちょっと、お待ちを……。ひらがなの双方の前者は、正反対の人のように思われるのですが、後者の方は、胡散臭《うさんくさ》い似たような人に思われるのですが？　一体それは、どんな人を指すのですか？


言いたいのですが、差し障りがあります、それだけは、みなさま、ご推察下さい。

ただ、言えることは、〝あくにん〟は少数派、〝わるじん〟は割合多い、〝ぜんにん〟は多数派、〝よいじん〟は割合少ない。


世の中には、〝ぜんにん〟は多いが、〝あくにん〟は少ない、と言うことですネ。

これは分かります。例えば振込め詐欺ですね、引っ掛かる〝ぜんにん〟は多いですネ、引っ掛ける〝あくにん〟は少ないですネ。ワカリましたョ。

次の〝わるじん〟は多いが〝よいじん〟は少ない、ということですが、分かりにくいのではありませんか？

……ムニャムニャムニャ、ここまで口から出ているのですが、出せそうで、出せないのです、ある職業の人に集中しているようで。

もうよろしい、ワタシャ、悪人にも善人にも、なりたくありません、ひらがなの人にも、なりたくありません、〝ただの人〟で結構です。

何ッ、何ッ、〝ただの人〟も二通りあるのですか！

〝ただのひと〟と〝ただのじん〟です。

〝ただのひと〟は一銭にもならない人のこと。

〝ただのじん〟は一銭も持たない人のこと。

要りません！　その〝ただの人〟も。

ワタシャ、人を辞めます。
それじゃ何になりますかネ?
第一志望……神様。第二志望……仏様。
せめて二つぐらい、志望を聞いてくださいョ。
分かりました。ただ最後に、一言だけ申し上げたいことがあります。
世間で何時も言っていることです。
〝神も仏もない〟ってことです。おあとはよろしく。
おあとについては広辞苑で徹底的に調べました。以下参考まで。

あく‐にん［悪人］心の邪悪な人。わるもの。不正な人。
わる［悪］①わるいこと。②わるい者。悪党。③いたずらもの。
ぜん‐にん・ぜん‐じん［善人］善良な人。善事を行う人。正しい人。
お‐ひと‐よし［御人好］あまり善良過ぎて、人にあなどられやすいこと。またその
ような人物。好人物。
ごー‐じん［御仁］他人の尊敬語。おかた。おひと。

冬生まれ、夏生まれ

冬に生まれた男と夏に生まれた男が居た。名前は前者は冬郎であり、後者は夏夫だった。いずれも別々の親、別々の場所で生まれ、全くの他人同士だった。ただ名前だけは、偶然にも冬に生まれたので冬郎、夏に生まれたので夏夫と名付けられていた。

冬生まれの冬郎は、確かに冬は割合元気に暮らせても、夏はぐったりして汗まみれになり弱りがちだった。その点、夏夫は夏生まれで、夏は元気溌剌で海や山へ出かけて活動的だが、冬になると寒がって、すぐ風邪を引き暖炉の前に縮込まってしまう。

生まれた時期が、人の終生を左右するのは何故か？　分からないが、厳しい冬に生まれると、物事を厳しく感じ取る。何故か？　これも分からない？

暑い夏に生まれると、ともかく裸になるのが大好きで、陽気で呑気な所があり、絶えず気楽なことしか考えない。尤も暑いと、ボーッとしている時間が長いので、そうなるとの説もあるが、これも確《しか》とは分からない。

じゃア、そんなことを言うならば、春生まれや秋生まれはどうなるのか、と詰め寄られると、物事は概してそんなものだということを、言ったまでだと言わざるをえない。冬と夏への境目が春であり、夏と冬との境目が秋である。誰でも知っていることだが、そんな春－夏－秋－冬－生まれではなく、生まれ月で言ってくれ、という声がある。

まァ易学なら、そんなことにでもなるが、ここは易学ではないので、九星や十二支《えと》のことやらはさておいて、大ざっぱに言ったまでである。

冬郎と夏夫がそれぞれどのように生きたのか、それが全く正反対であったり、よく似通っていたりしたかもしれないが、一つのことにぶつかった時、それぞれの違いが出てきた。

冬郎は山村《さんそん》生まれで、親は一町歩（三千坪）ばかりの田畑と山を少々持っていた。まアまアの暮らしぶりだった。が、山村で耳にする都会の暮らしは、随分豊かに思えた。淡い憧れがあった。齢は二十歳になっていた。普段は父親や母親と田畑で働き、炭焼きや薪割りなど、結構山村の暮らしは忙しかった。

農閑期の冬場になり、親の許しを得て、一度都会の空気を吸いに行くことになった。

予め友人から借りた資料で、どこをどう行けば何があるかを調べておいたので、すいすいと乗り物を利用し歩くこともできた。食べたいと思うものも食べ、観たいと思ったものも観、ちょっとした人々の会話も耳にした。新鮮ではあったが、期待が大きかった程には、都会はゴミゴミして薄ら穢《きたな》いし、人々の身なりも派手ではあるが表情には生気がなかった。そりゃそうでしょう、元々人間も動物で、人工的に作られたものばかりに囲まれて、生気などある筈はなかった。

やや失望勝ちになった時、誰かが冬郎の傍に寄ってきた。

「えらい生き生きした兄ちゃんやなァ。うちで働いてみィへんか」

何のことない、人狩りオヤジが立っていた。

「俺は村へ帰らないといかん」

「まァ、ものは試しや、ワシの目に狂いがなかったら、オマエはきっと物になるで」

としきりに勧める。強引に引っ立てられて、オヤジの飯場に連れていかれたのが運の尽きで、そこで夏夫と会うことになった。

夏夫は暑い山村生まれだった。親は少しばかりの田畑と山を持っていた。兄弟もたくさん居て、出稼ぎに来ていたのだ。

今は丁度冬だったので風邪を引き、ぐすんぐすんといっていた。

「コイツは駄目なんだ、働きが悪い」とオヤジは紹介しながら、零した。

一目見て、冬郎は夏夫がそれ程キライなタイプではなかった。会ったばかりで、その人の奥は分からない。直感だけだった。

オヤジは土建屋の土方《どかた》（土工）の親方だった。与えられた仕事はキツかったが、冬に強い冬郎の得意とする仕事だった。雨の日を除いて連日働いても、ビクともしない躯だったので、オヤジは大変重宝し始めたのだ。日当の少ない夏夫は、冬郎の日当を当てにし始めた。

故郷《くに》への送金が足りないので、冬郎に借金を申し込むようになった。冬郎はイヤだったが、イヤとは言えず、少しずつ貸していた。

寒さが漸く峠を越した頃、冬郎の元に突然訃報が届いた。

「チチシス」つまり父親が死んだのだ。すぐ帰り支度をすると、夏夫は縋《すが》るように、自分も連れて行ってくれと言う。「そんなお荷物は真っ平だ」と断ると、尚もしつこく縋られて、途方に暮れていると、オヤジが中に入ってくれた。冬郎が再来を約束するなら、夏夫に貸した金を全額出してやる、且つ夏夫を連れて行って、冬郎の代わりに村に残せば、一石二鳥だと言うのだった。何のことか、さっぱり分からないままに、貸した金が戻り、また都会の空気が吸えるのなら良しということで、そうすることにした。

母親は相当に弱っていた。これでは夏夫を残したまま、都会に戻ることは出来ない。暫く自分も残ろう、と心に決めた。

父親のいない山村暮らしは初めてなので、冬郎にとっては非常に勝手が悪い。

夏夫は暖かくなると、すっかり元気を取り戻し、実家への仕送りも必要なので、メキメキ働きだした。母親の分も、果ては冬郎の分までも、働きに働き出したので、周囲はすっかり夏夫を当てにした。夏は大変だった。田んぼの草取り、畑の水やり、かなりな重労働だった。冬郎はグッタリしてばかりで、何の役にも立たなかった。

都会の飯場での立場は全く逆転してしまっていた。

「すまぬ、すまぬ」の連発で、冬郎の躯の自由は夏場にはからきし利かなかった。

夏夫は「飯場でのお礼返しだから気にしないで、気にしないで…」と冬郎を励ました。

秋の穫りいれも終わり、やがて豪雪の冬を迎える。となると、様相がすっかり変わり始めた。夏夫は元の飯場の夏夫になり、冬郎は元の飯場の冬郎になり始めた。

夏夫はぐすんぐすんと風邪を引き、冬郎は家の屋根の雪降ろしと生活道路の雪掻きに追われ、ストーブの薪くべや、食料や日用品の買い出しと多忙な毎日を送るようになった。冬郎なしには、暮らせないことになってしまった。

母親は漸く、冬−夏二人が揃って一人前の人間であることに気付いた。「これは大変なことだ」…と。

これでは二人とも嫁も貰えない。齢を取ったらどうなるのか、心配し始めたのだ。

〃天は二物を与えず〃と言うが、冬にも夏にも強い人間は居らないものかと、物色し始めた時、居ましたヨ、居ました、隣の村に若い男が。

その若い男…名は春生《はるお》といい、春に生きると書く、つまり春たけなわ生まれで春−夏−秋−冬に強い人間だった。

母親は、それを養子に迎えたのだ。そしてその嫁に秋生まれの秋重《あきえ》をあてがった。もう冬郎も夏夫もいらない位、二人は年がら年中、働いた。

冬郎と夏夫は飯場に戻った。二人で一人前の給金でよい、という条件だった。

冬郎は冬を生き生きと生き、夏夫は夏を生き生きと生きる宿命を持って生まれていたからだった。これも良かった、ヨカッタ……で済むハナシだった。

えッ、山村の田畑や山の財産はどうなるのだ!? ですか。そりゃ法律に従って処理すべきでしょう。我が国は法治国家ですから……。でも冬郎に妻子が居なけりゃ、結局は春生のものになるでしょう。落ち着くところに落ち着くと言うことですねェ……。

「邦江のつぶやき《ツイッター》」

住宅設計も腕のよいテーラーのように

重一の小学校時代の友人に、オーダーメイドの洋服を作るテーラーのAさんがいた。Aさんはテーラーとしての腕は確かで、重一はコートや背広をすべて作ってもらっていた。レディメイドと違って、体にフィットしてとても着心地が良いと言う。生地も英国製でセンスのある色や柄を薦めてくれるので、すっかり気に入っていた。

ある時Aさんの仕事振りを見た。左右の袖の長さ、両肩の張り具合、背中の曲線などを手帳に書き留めていた。仮縫いでは入念に修正を繰り返し、とても丁寧なやり方だった。やがて、重一の少し猫背の体系をうまくカヴァーした、美しい背広が出来上がってきた。重一が「Aさんでなければダメだ」と言うのは尤もだと、私にも十分納得できた。

残念なことに、持病があったので、Aさんは40歳そこそこで亡くなった。が重一は今も、Aさんが作ってくれた洋服を大事に着続けている。生地が良く仕立ても良いので、傷みがなく、何時の時代にも遜色なく着られるのである。

背広も、襟が少し細めになったり、時代の変化が取り込まれているが、スタンダードなデザインのものには愛着を持って、何時までも違和感なく使い続けられるものだ。「良い服だ」と重一もその値打ちを噛みしめながら着続けている。そして住宅もかくありたいものだと、願っているのである。

そう言えば、重一の住宅設計の手法には、テーラーのAさんの作業スタイルと似ている所があるように思える。例えば次のような点だ。

その1　相手を良く理解しようと自問自答をしながら努力する。

その2　手間を惜しまず、何度も図面上で試行錯誤をする。

その3　相手の考えの少し先を見越して、それを組み込むことで喜んで貰えるよう努力する。

それらは、もの造りすべてに共通して求められる大事な手法だが、簡単には会得できない技能でもある。そのあたりに、クライアントから不満が起こる原因があるようだ。

住宅の設計は、テーラーと違って、クライアントとは一期一会の出会いである。大抵の人は、一生に一度の家づくりだから、クライアントである相手は毎回違うし、テーラーのように気に入られたから次にも注文を貰えるというような、結構な関係も成立しない。毎回、その人だけの家づくりに渾身の力を込めて、誠心誠意努めなければならない。その都度、最適な発想や提案が求められるので、大変な労力が必要だ。

中でも最も頭を痛めるのが工事費である。クライアントの要望を満たすには、予算が不足しているケースがほとんどと言えるのである。重一は独特のやり方で、その問題との格闘を繰り返してきた。

まずクライアントには予算不足を十分認識してもらう。無駄を取り除く設計に変更した上で、複数の工事業者から相見積もりを取り競争をしてもらう。そして、最も熱意を示してくれた業者と膝詰め談判よろしく、工事費を詰めていく。

何度も話し合いを続けて、大抵の場合、クライアントの予算範囲で受注を纏めるのである。設計者の熱意に、業者のほうが根負けするのかもしれないが、双方が持つ物づくりへの情熱が、意気投合点に到達したから決着したのであろうと、私は思っている。

この手法に、これまで最も貢献をいてくれたのがT工務店のTさんである。重一が出してくる無理難題を、厳しい予算のなか、自身も最大の知恵と努力を駆使して納めてくれた。何度もTさんに助けられている。

また工法上でも「Tさんだからやれた」ことが何度もある。設計は図面上で表現できるが、そのやり方が、現場で出来るかが難しい課題である。

重一の設計について、Tさんは「難しいが、成程と感心させられることが多いので、大変勉強になる。」と労を厭わず、特殊な工法にも忠実に、実現に向けて努力してくれた。

高低差のある敷地を利用して、地下にガレージを設けた住宅を建てたときのことだった。上に家が建つので、重一はガレージの構造体をより頑丈に設計した。

その要は鉄筋の組み方にあった。重一は縦筋と横筋を絡みつかせるように組む方法を考えたのである。Tさんは、取り引きのある鉄筋工事業者に仕事を依頼したが「そのような工事は不可能だ」と断られた。やむなく本職が断るような過酷な作業に、Tさんは自ら挑むことにしたのである。

その現場は近所でも評判になった。社長の立場なのに、一作業員として難しい作業に取り組む姿勢もさることながら、鎖を編んだような複雑で美しい工事が目を引いたのである。「シェルターを作っている」と多くの人が見にきたそうだ。

かねがね重一は「良き家は、良き設計者と良き工事業者によって建てられる。家づくりは、多くの技能者達との共同作業の賜物である」と言っている。そして「その一番上に位置するのが設計者である」と。

これまでに、多くのクライアントから「持てる予算以上の住まいを作ってもらった」と感謝をされてきた。「予算の少ない人にこそ、住みやすい良い家を提供できるように知恵を絞ることが、まともな設計者の役目である」と自負しているので、苦労を楽しんでいるところがあるが、工事業者を決定出来た時が、一番安堵できる心境だったにちがいない。

重一の設計した住宅の外観には、「重量感を与えるものが多い」と私には思える。敬愛をこめて「ズングリ、ムックリのデザイン」と、表現したくなる作品が沢山ある。それは、重一が建物の構造体を、より強固なものに設計するあまり、デザインもどっしりしてくるのだろうと思えるのである。「建築基準法の数値は、最低の数値だから」と、不測の事態に備えて、基準の何倍もの強度を組み込むのが、当たり前の設計姿勢なのである。

木造の現場では、筋交いの大きさに「木筋コンクリート」と評されたこともあった。また、耐震補強の方法として、既設建物の壁に柱を隙間なく入れる方法を採用してきた。重一は「充腹材工法」と称しているが、近年、大阪府木材連合会が開発と普及に力を入れている、耐震補強工法「壁柱」と共通するところがある。

壁柱は、京都大学防災研究所との共同研究で考案開発された。人命を守るためには、「一室からでも耐震補強を進めていくことが大切」と、連合会は「1室補強工法」をキャッチフレーズに、木造住宅の所有者に耐震補強を呼びかけている。

私も耐震強度の実験データなど、多くの資料を頂いている。実質的な費用と簡易な工法で、木造住宅に耐震シェルターが造られていけば、地震時に人命はずいぶん救われるはずである。「壁柱」が早く一般に広く普及して欲しいと願っている。

日本では、取得した住宅に住み続けるのが一般的だ。その間に家族の変動もあり、住み方や住空間は当然変化をしていく。私はそうした「住宅の変遷」について興味を持っていたので、過去に設計させていただいたクライアントに、それぞれのケースについて、いつかアンケートを取らせてもらいたいと思っていた。そこで、重一の住宅設計への検証もかねて実施させていただくことにした。築後20年から30年近くになる住まいに、住み続けているオールドクライアントに的を絞って、アンケートを取らせてもらった。

検証項目として①最初の設計に不都合がなかったか、②使用した建材は堅牢で長持ちしているか、老朽化の度合いはどうか、③これまでに何処をリフォームしたか、などの設問に答えてもらった。

結果は期待以上のものだった。みんなが重一の設計に感謝の気持ちを持っておられたのである。

毎年、年賀状に、一言家へのコメントを書いて下さっているYさんからは「1ミリの狂いもない自慢の家です。これまでに手を入れていないし、今後もありません。」と最大限のお褒めの言葉をいただいた。

Oさんの場合は、二世帯で暮らしているお嫁さんから返事が届いた。「二世帯住宅のメリットが一杯詰まった家づくりをしてもらいました。子供たちも成人しましたが、家族への思いやりをしてくれる優しい子供達です。この家での暮らしの中で培われたと思い感謝しています。」と感想を述べて下さった。

阪神淡路大震災で被害を受けた地域に住んでいるHさんは、新築時に購入した食器家具のことを書いてくれた。ムクの木製の大きい家具だったので、重一が固定の仕方を工夫してくれたそうだ。仕上げ工事の前に家具を搬入させて、梁の下に固定をした。そして、あたかも作りつけ家具のようなシツラエにした。おかげで震災時に全く問題はなかったとのことだった。

外装材についても、メンテナンスがかからない材質が使用されているので、手がかからず「自然に古びた風情を楽しんでいます」と満足をして頂いているようだった。

住宅で使用される様々な建材について、重一は、適材適所、用途を十分吟味して選ぶ。

とくに、風化に晒される外周りについては神経を使う。あとあとメンテナンスが掛からないように、また取得後の出費をさせないようにと細心の配慮をする。値段が高くても良質な物を採用して、他で予算の調整をしていた。風化に強い「石材」も好んで使用している。

屋根の勾配も、雨が多い日本の風土を考慮して、屋根面での流れが良い「4・5寸」を基準に設計してきた。雨漏りなどの瑕疵が起こらないように、初めに解決策を考えておくのである。返ってきたアンケート15通の中に、外周りへの不満は全くなかった。

Tさん宅は、純和風に設計させていただいたので、間仕切りも建具で開閉する開放的な空間構成になっている。アンケートには「高齢になり、安全のために廊下に手摺を付けたいが、壁がないので取り付け方法に困っている」と書かれていた。

設計時に、配慮が抜けていたのは反省点である。当時はバリアフリーについても、現在ほどシビアではなかったので、最初から取り入れることはあまりなかった。

リフォームで、後から必要な手立てを行うという二段階の方法を採るのが普通だったので、そのための工事のやり易さを組み込むのが、重一流だったのである。しかし、最初から無粋な事もできないので、和室空間への対応は難しかったのである。

さらにTさんは「後を託す者もいないので、いずれ家を処分して施設に入居する予定です。それまで今の暮らしを楽しみたい」と我が家への愛着を記してくださった。

オールドクライアントにとっては、いずれ自立して住み続けるのが難しくなることが目に見えている。「将来住めなくなったら?」という設問には①「介護をうけながらでもギリギリまで住み続けるつもり」②「家を処分して施設に入居するつもり」などの選択項目のうち、Tさんを除いて全員が①を選んでいた。

重一にアンケートの結果を報告すると、「有難いことだ。現在も住み良いと思って頂けるのは、住み手が大事に住みこなしてくれているからだ」と、感慨深そうだった。

設計に込めた思いが、住み手にしっかり受け止められて、暮らしてもらえている……設計者冥利につきる思いがこみ上げて来るようだった。

そこには、愛用しているAさんの洋服と共通する「もの作りへのこだわり」があった。重一は、これまで自分に課してきた規範としての「設計の手法」が、間違っていなかったことを、心底噛みしめていたのである。

人への不信

「人の一生は人との付き合い」といっても過言ではありますまい。

真《まこと》の人やぁーい、私と付き合ってください。私はこれまで人と付き合って、散々な目に遭って来ました。すっかり人間不信に陥りました。色々申し上げると長く、ながーくなるのですが、思えば無垢な子供の頃からでした。

物心が付いた時分、母と一緒に市場に出かけました。洟《はな》を垂らして、付いていったのです。余程、穢《きたな》かったらしく、八百屋の人に罵られました。今もくっきり覚えていて、忘れることの出来ないものでした。

独りで買物に行ったこともありました。洟《はな》を垂らしていたかどうかは、もう記憶に定かではありませんが、少し高めの傷んだ果物を掴まされました。母は〝取っかえてもらってこい〟と再度、私を使いに出しました。すると、八百屋の人が、〝ニィちゃん、それ、道に落としたんと違うか？〟と詰《なじ》ります。〝落としてなんかいない。そのまま持って帰ったんや〟と言うと、渋々その人は、取り替えました。

子供心に、大人への不信は募りました。大人の〝狡《ずる》いこと〟は学びましたが、商人のことは後に、大人になってから学びました。

箱入りの二段重ねの中に、一段だけ物を入れる底上げ手法や、良い物を上に、悪い物を下に入れたり、見栄えよく客に見せることなど、多種多様を。算盤《そろばん》も裏から見えない当て板付きを使うなども。

当然のことと言えば当然、金儲けのためにやっているので、慈善事業ではないからと……。商人だけが、どうこうじゃない。世の中、全般に金儲け、金儲け、経済、経済に走っている。

子供と言っても、もう13歳になっていた。我が家は貧乏で食うや食わずだった。たまたま、電球が一個だけ、余分にあった。それを金銭《かね》に代えて、食べる物に当てようと考えた。友人に言うと、早速、親に言うてみるとのこと。返事はＯＫとのこと、そこで〝ぶつ〟を渡した。

当時は物のない時代、電球など、どこにも売っていなかった。さぞかし、〝何がしかの食べ物〟を恵んでもらえると思っていると、友人はパン一個を持ってきた。何ッ！と驚くと、〝使った痕がある〟つまり中古品だと言う、そんな物は二束三文だから、親は〝パン一個を持っていけ〟と言ったとのこと。余りにも少なすぎる、しかし仕方がない、渡してしまった後だったから。

電球一個とパン一個……これも、友人や又その親に対する不信感となった。

そのことから一年程経った。別の友人と気が合った。ヒヨコをそれぞれ買った。が、友人は自分の所では、育てる自信がない、とのことで、我が家で育てた。二カ月程して、もう誰でも育てられるようになったので、友人は引き取りにきた。オス、メスが分からないので、近所の鶏に詳しい人に見てもらった。そして我が家にメスらしい方を残した。

しかし全く逆の結果がでた。欲を持った方が負けた、と思った。ジャンケンで決めた方がよかった……。相手方がメスだった。こちらはオスが残って、明けても暮れても、コケコッコーだった。相手方のメスは毎日まいにち、卵をコッ、コッと産んだ。

育てた礼も言うて貰えず、卵の一個も貰えず、悲しい思いをした。その友人は早死にしたが、一切の交際はなかった。〝メンドリ〟も失い、友人も失った。

大人になっても、なりたての大人は、まだまだ青臭い。人に騙されやすい。幾度か、金銭《かね》を出す方に回され、人は金銭がなくなったら去っていった。金銭の切れ目が縁の切れ目で、去来する人は多かった。

やっと壮年期に入り、仕事も順風満帆かと思いきや、得意先に恵まれず、使う人間に恵まれず、金銭に恵まれず、最後は運にも見放されていた。

得意先は役所や、企業、と言っても商人に近い先ばかりで、厳しかった。こすっからい相手ばかりで、誠心誠意やっても、代金は値切られ、ケチを付けられ、又、値切られの繰り返しだった。役所とて、入札とやらで、予算の半分も貰えなかった。堪り兼ねて、すべての取引先から手を引いて、人も辞めさせ、独りとなった。時に40歳を超えてしまっていて、手元に借金だけが巨額に残った。人間不信、社会不信は、極に達した。

漸く50歳となった時、借金はほぼ片づいたが、何もかも失くしていた。得意先も甘い所などどこもなく、相変わらず、厳しい先しかなかった。

又、その頃、町内会の役どころが、順番で回ってきた。厭だったが、隣近所のこととて、厭とは言えず、渋々した。付き合う人間が、すべて自分の得意先に似たり寄ったりの人間ばかりで、うんざりした。それでも、やらざるを得ないのが世の常、やっているうちに、ゴタゴタに巻き込まれた。

仕事の上でも何回か経験したことで、又かと感じた。自分の持ち物である事業でも、いい加減、苦労が絶えないのに、何故二〇〇分の一世帯に過ぎない自分が、そんな殆ど他人のものに首を突っ込まねばならぬのか……さんざん味わってきたものが再び襲いかかってきた。止めよう、止めよう、と思っている中に泥沼に入り込んだ。

齢を取り、もう何もやらなくて済む時代が来たが、今、真《まこと》の人とこそ、付き合いたいと思っている。

私自身は〝ちっとも面白くない人間〟である。誰にも売り込むつもりもない。来る者は拒まず、去るものは追わずでよい。但し、来る者が今迄通りの人は拒みたい。

せめて、それだけはさせて貰いたい……神の恵みを。

大きな忘れ物

「大きなご恩―仇で報いる」

この国は島国だった。他の国より遅れること、実に二千年にもなる。その間、何をしていたのか？　と言われても、そこには住む人は居なかった。人は順次、大陸の住みやすい所から住み始めて四千年、そして凡そ二千年後《あと》からの話だった。

住み始めた最初は四方が海なので、海の幸、山の幸を堪能できると思ったが、災害の巣とでも言うぐらい、あらゆる災害が襲ってきた。それらを防ぐ、凌ぐ知恵とか、能力はまったく欠けていた。飢饉の度に、餓死者や病人が出た。

大陸の人達は、耳に風聞として入ってくる度に、何とか助けたい、と申し出るようになった。衣料、食糧、住宅資材と人手など、ありとあらゆる物を、大型船で運んできた。また、衣料の原料の生産や、食糧の品種改良、住宅のみならず、施設や神社の造り方など、ありとあらゆる物を、惜しみなく提供した。同時に医術も、クスリと共に持ち込まれた。文字だって、そうだった。書物も数多く持ち込まれた。

が、一つだけ、ないものがあった。受けた援助を〝恩に着る〟という当たり前のことを、大陸の人達は一切、誰にも教えもしないし、そのことを書いた書物は一切、持ち込まなかった。

〝人に恩は売っても、礼は受けるな〟

〝口先であれ、書面であれ、相手の心の中であれ、一切は無にして与えるだけにせよ〟

これがこの国の国是だったのです。礼を言わせたり、恩返しを受けると、それまでやったことが、すべて無に帰し、逆に悪霊に取り付かれる、と人々は本気で信じていました。この教えを説いたのは、この国の高僧でした。類希《たぐいまれ》な思想の持ち主として、この国はこのことを国是としたのです。

さて、島国も豊かになりました。大陸の人達のお蔭と思う人は、未だ一人もいませんでした。自分達が勤勉に努力をし、貯蓄もし、防災にも努めたお蔭とばかり信じていました。それは確かでしたが、そこに至るまでの大陸からの援助は、莫大なものでした。

それさえ人々は、まったく分かっていなかったのです。今では援助というよりは、近隣国同士のお付き合いとなり、珍しい果物や、美味このうえないワインなど、普段、手に入りにくいものが届けられるようになっていました。

島国にもたくさんの珍品がありましたが、大陸には一切、届けられることはありませんでした。

人は貰うことばかりに慣らされてしまうと、他人《ひと》に与えることはしない、ワンサイドゲームのようになるものなのです。

大陸の高僧は賢い人でしたが、高僧ゆえ、そこに気が付きませんでした。

身分を伏せて手土産と一緒に、島国を訪問したのは、島の人々の幸せと笑顔を見るためだったのです。

しかし、来てみて驚きました。

親は子供を働かせ、何一つ子供に与えていませんでした。何一つと言っても、まぁ、三度の飯を与え、いつもお人形のように同じ着物を着せ、屋根のある家には住まわせていました。

子供たちは親の恩など、ちっとも感じることなく、唯ただ、親の言いなりに働かされていました。子供の顔に笑顔はまったくなく、幸せの〝し〟の字も感じられませんでした。

これは、いかん！　高僧は早速、子供たちを集めて、勉強道具を分け与えました。そして、自ら教える役目を引き受けたのです。勉強など面白い筈はなく、子供は右往左往するだけでした。親は親で、働くのを止めて〝勉強する子供〟を穀潰《ごくつぶ》しと罵る始末です。親は勉強道具一切を取り上げて、裏山で焼いてしまいました。

高僧は考えました、違う方法を。それぞれに勉強道具を持たせても、裏山の灰になるだけで無駄だと、そこで犬や猿に芸を仕込むと同じ方法で、飴玉を用意したのです。紙芝居で教えよう、さすれば、裏山の灰にしようとしても、出来ないだろう。また、子供も、見終わったならば飴玉にありつけるので集まるだろう……と。

飴玉目当てに集まった子供たちは、つまらない教育紙芝居を、目を瞑《つぶ》りながら聞いていました。終わると、目をパッチリ開けて、パクッと口を一斉に開けます。飴玉が空中を舞います。パクッ、バクッ、終わると、また〝眠る〟の繰り返しでした。

これでは何もならなかったのです。親は抗議します。〝よしておくれ、子供を働かせ

ておくれ、そんな紙芝居は役に立たないよ、飴玉は親におくれ、子供の一働き毎にやって、どんどん働かせるョ〃

高僧は、この島国の未来に暗澹《あんたん》とします。教育紙芝居は止めました。せめて子供を少しでも、過酷な労働から解放するために、娯楽性の高い戦争紙芝居をやることにしました。いやぁ、全然、違いました。目を開いて口は閉ざして、飴玉など一切見向きもしないで、見た、見た、聞いた、聞いた、親まで仕事を止めて、見る、聞くの毎日でした。高僧はもっと暗澹たる気持ちになって、この島の未来を案じ始めました。こんなことでは、人間らしい教育も受けない人達の集団になって、戦争紙芝居の主人公になる、大陸侵攻を始めるのではないか？　と。

当たって欲しくない予感でした。

〃恩を仇で返される〃……与えた覚えのないものが、与えるばかりした報いとは……。ちと酷いじゃありませんか、どうです、みなさん。

これはあくまで、オトナのオトギ話ですョ。誤解のありませんように…。

アメリカ DYI の家

あとがき

50年以上にわたって、私たちは建築設計の仕事を続けてきました。その軌跡を再度、本にまとめることにしました。

人と家との関わりを、家づくりの視点で書き下ろした本としては2冊めになります。２０１１年に出版した「家を知り、人を知って、塞翁が馬」（角川学芸出版）の姉妹編になります。

前回の出版後、読者の方が「次の本を期待します」とエールを送ってくださったので、約束を果たせたことで肩の荷を下ろした気持ちです。

前回の本については、多くの方々から感想を沢山いただきました。その一部を引用させていただきます。

「文は人なり、この本は筆者そのものだ」「時事を入れた、初めての建築エッセーである」「経験の集積としての重要な指摘が沢山ある」「真似ることのできない語り口の面白さがある」など、そして複数の方からは「難しい本を読んで疲れたときに、手にとって読むのにちょうど良い」との評価も頂きました。

今回は本の構成を少し変えています。建築よもやま話の他に、散文や小話なども入れて、前田重一の持ち味がより生かせるスタイルに編集をしました。

加えて私の「つぶやき《ツイッター》」で重一の実像を紹介しています。重一の文章から十分伝えきれていないことを補いたい一心で書いたのですが、結果的に私達の建築人生の記録にもなってしまいました。

重一の文章のニュアンスが、他と違うところがあるとすれば、建築家の立場でありながら、常に文学的な観点で事象を見詰めて書かれている点です。多感な青年期に文学を志した時期があったので、持ち味が引き継がれているのかもしれません。

切り口も一般的な見方から少し外れてユニークです。斜めから、あるいは少し捻った角度から眺めているところがあり、その「ひと癖」が面白さや愉快さに通じているように思います。

しかし、ややもすると行き過ぎた表現や想像で、顰蹙をかったりする恐れも孕んでいます。本文にも、「中庸」の難しさを指摘する「たとえ話」が度々扱われていますので、重一自身が最も認識しているように思います。

前回の本もそうでしたが、今回も現代ではあまり使用されない難しい漢字が随所に使われていて、一般には読み辛いかもしれません。夏目漱石など明治大正時代の文学を愛読した名残でしょうか？　私とは5歳の年齢差なのに、私は漢字に弱いので勉強不足を恥じていますが、漢字についてもほどほどが良いように思っています。

カットについては、これまでに設計した作品の外観や室内をスケッチにして入れました。重一が学生時代に書いた図面と、絵画演習のデッサンも加えています。

本作りにあたっては、前回同様、城村典子氏にお世話になりました。設計者と住み手の濃密な関係は、本づくりにおいても重要なことを改めて感じています。

前田邦江

著者プロフィール

前田重一（まえだ・じゅういち）

1932年生まれ。'57年大阪工業大学第一工学部建築学科卒業。翌年、株式会社三伸建築事務所設立、代表取締役に就任。一級建築士、大阪府建築士会会員。50年以上にわたり公共建築、商業建築、個人住宅など各種の建築設計を手掛けてきた。特に個人住宅の設計が多く、建築雑誌への作品掲載多数。構造的に強固な建築設計を心掛けており、「地震に強い家」など災害に対応する家づくりの記事を、新聞紙上で執筆。
著書『こだわりのマイホームプラン集——高齢社会にむけて』（前田邦江との共著、久美出版）
『家を知り、人を知って、塞翁が馬』（前田邦江との共著、角川学芸出版）

前田邦江（まえだ・くにえ）

1937年生まれ。'58年京都学芸大学（現・京都教育大学）二部美術科コース、'69年近畿大学理工学部建築学科卒業。一級建築士、元大阪府建築士会常任理事。'75年から30年以上にわたりユーザー向け住宅講座「住まいの実技講座」を主宰。住宅建築関連の記事を新聞・雑誌等へ多数執筆。

著書『手づくり家づくり——住まいづくりに取りくむ人々』（相模書房）、『増改築実務マニアル』（学芸出版社）、『女性建築士が提案するシニアライフ魅力的な住まい方』（共著、創元社）、『手づくり住まいづくり——住まいの実技実践講座』（創元社）。'99年建設大臣表彰、'03年大阪府知事表彰。

生《い》きる家《いえ》に、人《ひと》が活《い》きる

2015年5月20日　初版発行

著　者　　前田重一《まえだじゅういち》　前田邦江《まえだくにえ》

発行者　　青木誠一郎
発行所　　株式会社みらいパブリッシング
〒162 - 0833
東京都新宿区箪笥町43番 新神楽坂ビル
電 話　03 - 5227 - 1266
http://miraipub.jp
E-mail : info@miraipub.jp
発売所　　星雲社
〒112-0012
東京都文京区大塚 3-21-10
電 話　03 - 3947 - 1021
FAX　03 - 3947 - 1617
印刷・製本所　　藤原印刷株式会社
編　集　　城村典子
装　幀　　ポエムピース株式会社

ISBN 978-4-434-20601-6　C0095